Tairseach

Leabhar Gaeilge don Idirbhliain

Nuala Bunting
Nuala Ní Mhurchú

AN COMHLACHT OIDEACHAIS

Arna fhoilsiú ag
An Comhlacht Oideachais
Bóthar an Aird
Baile Átha Cliath 12
Aonad trádála de chuid Smurfit Ireland Ltd

Tháinig an páipéar a úsáideach sa leabhar seo ó fhoraoisí rialaithe i dtuaisceart na hEorpa. In aghaidh gach crann a leagtar, cuirtear crann amháin eile ar a laghad.

Approved Quality System

Dearadh agus Clóchur: Graftrónaic
Obair Ealaíne: Duo Design, Margaret Suggs
Clóbhualadh: Profile Lithographic.

Cóipcheart: Táimid fíorbhuíoch díobh sco a leanas a thug cead dúinn ábhar dá gcuid a úsáid sa leabhar seo: Maidhc Dainín Ó Sé: 'Saoirse'; Máire Uí Cheallaigh: 'Deirdre agus Naoise'; Gael-Linn: 'Poist do dhaoine óga', 'Ramhar nó tanaí', 'Ár nOidhreacht', 'Margadh', 'Fadhb an óil i measc na n-óg', altanna as 'Dréimire' agus 'Céim'; S.E. Ó Cearbhaill: 'Subway'; Deirdre Ní Ghrianna: 'An Gnáthrud'.

Rinne na foilsitheoirí a ndícheall teacht ar úinéirí cóipchirt; beidh siad sásta na gnáthshocruithe a dhéanamh le haon duine eile acu a dhéanann teagmháil leo.

Grianghraif: Táimid faoi chomaoin ag Imagefile agus Camera Press a thug cead dúinn grianghraif dá gcuid a atáirgeadh.

Clár

'TÍR GAN TEANGA, TÍR GAN ANAM'

San aonad seo, foghlaimeoidh tú faoi theanga na Gaeilge féin. Cén staid ina bhfuil sí inniu; cad a tharla don teanga trí na haoiseanna atá imithe; cén lionchar a bhí ag stair na tíre ar an teanga; conas a tharla an t-ísliú céime sa seachtú haois déag? Chomh maith le stair na teanga seo, beidh tuiscint agat ar rudaí liteartha, mar shampla Ogham, béaloideas, an aisling pholaitiúil agus mórán nach iad. Ar aghaidh linn mar sin.

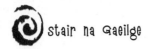
Ogham

Is ceann de na teangacha Ceilteacha í an Ghaeilge agus is amhlaidh atá sí á labhairt in Éirinn ar feadh dhá mhíle bliain. Níl aon tagairtí scríofa cuí againn go dtí gur tháinig an Laidin go hÉirinn sa chúigiú haois, ach roimhe sin, bhí córas scríofa ar leith againn, **Ogham**. Ó thaobh stair na litríochta de is féidir a rá gur thosaigh sí sa chúigiú haois agus níos déanaí le teacht na Críostaíochta.

Séard is Ogham ann ná córas scríbhneoireachta a bhí ag muintir na hÉireann sular tháinig an Aibítir Laidine isteach leis an gCríostaíocht sa chúigiú haois. Go bunúsach, úsáideadh é chun sonraí a líonadh isteach ar chlocha cuimhneacháin agus chun breitheanna a chomóradh. Chuireadh laochra a n-ainmneacha ar a sciatha in Ogham agus iad ag dul sa chath. Is ar imeall na gcloch a scríobhadh é agus córas poncanna do na gutaí agus línte do na consain a bhí ann.

Is féidir clocha Oghaim a fheiceáil ar fud na tíre fós, go háirithe i gCúige Mumhan. Bí ag faire amach dóibh agus tú ag taisteal in Éirinn. Anois ar mhaith leatsa triail a bhaint as d'ainm féin a scríobh sa chóras ársa seo? Féach thíos agus ar aghaidh leat.

6

Ré Órga na hÉireann (7ú, 8ú, 9ú haois)

Fuarthas lámhscríbhinní i leabharlanna san Eoraip a thug na manaigh leo ó Éirinn san ochtú haois. Bhí Gaeilge le fáil sna lámhscríbhinní seo agus is iad siúd an fhoinse eolais is luaithe don Ghaeilge scríofa atá againn. Ag an tús ba iad cúrsaí creidimh a bhíodh faoi chaibidil ag na manaigh ach diaidh ar ndiaidh chuir siad suim sna scéalta béaloidis a bhí mar chuid de chultúr na hÉireann ag an am. Séard a bhí sa bhéaloideas go bunúsach ná scéalta agus nósanna na ndaoine a bhí ann ag an am. (Beidh sibh ag foghlaim níos mó faoin mbéaloideas níos déanaí sa leabhar.) Bhíodh na manaigh ag obair go dícheallach sna mainistreacha ag déanamh leabhair áille mhaisithe agus bhíodh na heaglaisí lán de rudaí ealaíonta déanta d'ór agus d'airgead. Ré Órga a bhí ann gan dabht.

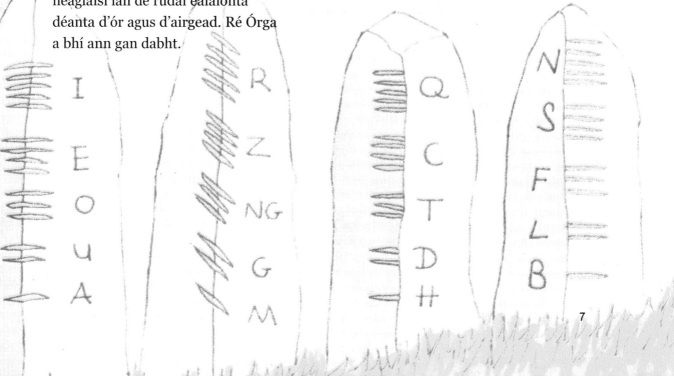

An Mheán-Ghaeilge (900-1200)

Sa tréimhse seo, tháinig a lán athruithe ar an nGaeilge. Mar is eol do chách tháinig na Lochlannaigh agus na Normannaigh go hÉirinn agus thug siad a dteanga féin leo a d'fhág a rian ar an teanga Ghaelach. Mar gheall ar a n-ionsaithe ón bhfarraige agus ar aibhneacha na tíre, ní nach ionadh a tháinig a lán de na focail a úsáidtear sa Ghaeilge

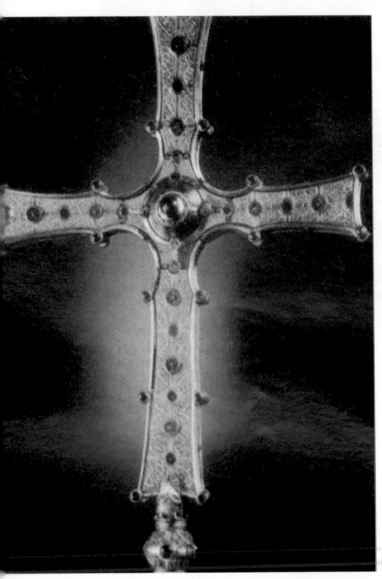

inniu do chúrsaí seoltóireachta ó na Lochlannaigh, focail ar nós 'seol' a tháinig ón bhfocal *segla* agus 'stiúir' ón bhfocal *styra*. Bhunaigh na Lochlannaigh na hionaid tráchtála ar nós Bhaile Átha Cliath agus Luimnigh. Arís, faighimid focail a bhaineann le tráchtáil ar nós 'scilling' ón bhfocal *skillingr* agus 'pingin' ón bhfocal *penningr*.

In ainneoin na n-ionsaithe agus gach a bhí ar siúl le linn na tréimhse seo, bhí na mainistreacha ag feidhmiú mar ionaid léinn agus cultúir. Tógadh Séipéal Chormaic i gCaiseal, i gCo. Thiobraid Árann, agus rinneadh an chros cháiliúil i gConga i rith na linne seo. Is féidir cuid de na lámhscríbhinní iontacha a scríobhadh i mainistreacha, mar Chluain Mhic Nóis, a fheiceáil inniu i mBaile Átha Cliath; lámhscríbhinní ar nós *Lebor na hUidhre* agus *Lebor Laigeann*. Ar ndóigh bhí tionchar mór ag an Laidin ar an nGaeilge agus tagann focail ar nós 'eaglais' ón bhfocal *ecclesia* agus 'sagart' ón bhfocal *sacerdos* ón Laidin.

D'fhág na Normannaigh a rian Francach féin ar an nGaeilge. Is féidir é seo a fheiceáil i bhfocail ar nós 'garsún' ón bhfocal *garçon*, 'seomra' ó *chambre* agus 'séipéal' ón bhfocal *chapelle*.

An Ghaeilge Chlasaiceach (1200-1650)

I ndiaidh 1200 chaill na manaigh a ngreim ar an litríocht agus d'aistrigh an chumhacht go dtí aicme liteartha ghairmiúil. Tosaíodh ar an gcóras pátrúnachta agus bunaíodh na Bardscoileanna. Bhí na Normannaigh socraithe síos anois agus, mar a deirtear, bhí siad níos Gaelaí ná na Gaeil féin. Bhí na **Bardscoileanna** i réim sa tír. Scoileanna ar leith iad siúd inar fhoghlaim na filí gairmiúla a gceird. Chaith siad seacht mbliana ag foghlaim agus ba iad siúd a scríobh litríocht na hÉireann i bhfoirm filíochta casta siollaí a bhí lán de rialacha. D'oibrigh siad mar chomhairleoirí do na taoisigh agus na huaisle. Bhí orthu staidéar a dhéanamh ar stair agus ar dhlí chomh maith le staidéar a dhéanamh ar ghinealas.

Is ó na teaghlaigh ab fhearr a tháinig na filí seo agus bhí cumhacht agus stádas ard ag roinnt leo. Scríobh siad a gcuid filíochta i meadaracht dhaingean ar a dtugtar an **Dán Díreach**. Fuair siad tacaíocht ó na taoisigh i bhfoirm airgid agus talún. Lean an córas pátrúnachta sin ar aghaidh go dtí an seachtú haois déag.

I rith na tréimhse fada seo níor tharla aon athrú suntasach ar an sórt Gaeilge a d'úsáid na filí. Glaotar an Ghaeilge Chlasaiceach ar an nGaeilge a úsáideadh sa tréimhse seo.

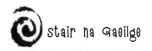

Meath na Gaeilge (17ú agus 18ú haois)

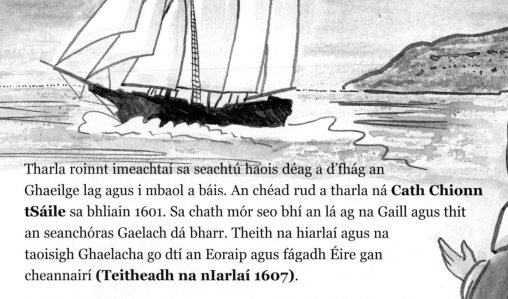

Tharla roinnt imeachtaí sa seachtú haois déag a d'fhág an Ghaeilge lag agus i mbaol a báis. An chéad rud a tharla ná **Cath Chionn tSáile** sa bhliain 1601. Sa chath mór seo bhí an lá ag na Gaill agus thit an seanchóras Gaelach dá bharr. Theith na hiarlaí agus na taoisigh Ghaelacha go dtí an Eoraip agus fágadh Éire gan cheannairí **(Teitheadh na nIarlaí 1607)**.

Cuireadh Plandóirí as Sasana ina n-áit. Ní raibh siad sásta an córas pátrúnachta a choimeád ar bun. Ní raibh aon mheas acu ar fhilí agus litríocht na hÉireann agus níor labhair siad Gaeilge fiú. Ba bhuille marfach é seo do na filí féin agus don teanga. Ba iad seo na **plandálacha** a thosaigh i Laois agus in Uíbh Fhailí agus a lean go Cúige Mumhan agus Cúige Uladh. Diaidh ar ndiaidh d'éag na Bardscoileanna gan aon phátrúnacht acu.

Ní raibh na filí cáilithe anois chun an Dán Díreach a scríobh agus tosaíodh ar fhilíocht níos simplí a chumadh. **Amhrán** an t-ainm a tugadh ar an sórt seo filíochta toisc go raibh an mheadaracht bunaithe ar bhéim an amhráin seachas ar na siollaí a bhí taobh thiar den Dán Díreach. Toisc gurbh iad na gnáthdhaoine a bhí ag éisteacht leis na dánta anois tháinig na **canúintí** chun tosaigh. Is é sin, níor scríobhadh na dánta sa stíl ársa chlasaiceach a thuilleadh ach i stíl i bhfad níos simplí.

Tháinig foirm nó *genre* ar leith i réim ag an am seo freisin ar a dtugtaí an **Aisling Pholaitiúil**. Chaill na filí a stádas agus fiú an tslí bheatha a bhí acu sa seanchóras Gaelach. Ní nach ionadh gur caoineadh a bhí ina lán de na dánta a scríobhadh sa seachtú haois déag agus san ochtú haois déag ag caoineadh an tsaoil iontaigh a bhí imithe anois.

Mac an Cheannaí an chéad aisling a scríobhadh ag tús an ochtú haois déag agus Aogán Ó Rathaille a scríobh é. Tagann spéirbhean álainn chuig an bhfile nuair a bhíonn sé buartha faoi dhrochbhail na hÉireann agus deir sí leis gurb í Éire í agus go bhfuil sí tréigthe ag a fear céile (na taoisigh Ghaelacha atá imithe thar lear). De ghnáth, bíonn a lán tagairtí sa dán don chabhair atá le teacht ón bhFrainc nó ón Spáinn agus tugann an spéirbhean dóchas don fhile go dtiocfaidh feabhas ar dhrochstaid na hÉireann.

Scríobhadh na céadta dán i bhfoirm na haislinge polaitiúla seo ach chuir **Cath na Bóinne** sa bhliain **1690** deireadh leis an dóchas. Tháinig na **Péindlíthe** i bhfeidhm in Éirinn ansin, rud a chuir srian ar dhul chun cinn na gCaitliceach. Bhí ísliú mór céime ag an nGaeilge anois mar gurbh í an Ghaeilge teanga na mbocht agus ba é an Béarla teanga na mbuaiteoirí, teanga lucht an airgid agus na cumhachta.

Cé gur labhair an chuid is mó de na daoine Gaeilge fós bhí fadhb anois leis an nGaeilge maidir leis an drochíomhá a bhí aici. Theastaigh ó thuismitheoirí go labharfadh a bpáistí Béarla ionas gurbh fhéidir leo dul chun cinn a dhéanamh sa saol. Nuair a tháinig an córas nua scolaíochta, na **scoileanna náisiúnta,** i bhfeidhm sa bhliain **1831** bhí tuismitheoirí na tíre sásta go raibh a bpáistí ag foghlaim Béarla agus nach raibh Gaeilge ar an gcuraclam, cé gurbh í an Ghaeilge an teanga a labhair na páistí sa bhaile. Ní raibh cead ag na páistí Gaeilge a labhairt ar scoil agus ba bhuille marfach é seo don teanga.

Sna blianta **1847-1852** tharla eachtra uafásach eile a chuir le meath na Gaeilge mar theanga labhartha agus ba é sin an **Gorta Mór**. Fuair suas le dhá mhilliún duine bás den ocras agus chuaigh beagnach dhá mhilliún eile ar imirce thar lear. Ba dhaoine bochta ó iarthar na hÉireann fórmhór na ndaoine seo agus Gaeilgeoirí iad an chuid ba mhó díobh. Ag deireadh an naoú haois déag, ní raibh ach fíorbheagán ag baint úsáide as an nGaeilge ina saol laethúil agus bhí siadsan, ar an mórchuid, ar chósta thiar na hÉireann.

Athbheochan na Gaeilge (19ú agus 20ú haois)

Rinneadh a lán iarrachtaí an Ghaeilge a athbheochan sa naoú haois déag agus sa fichiú aois. Chuir na daoine a bhí taobh thiar den athbheochan seo suim mhór sa bhéaloideas agus d'fhoilsigh Dubhghlas de hÍde **Leabhar Scéalaíochta** sa bhliain 1889 a chuir go mór leis an tsuim seo. Freisin, bhíodh téamaí na scéalta béaloidis mar théamaí ag scríbhneoirí ar nós Lady Gregory agus J. Millington Synge cé gur scríobh siadsan i mBéarla.

Bhunaigh Dubhghlas de hÍde, Eoin Mac Néill agus an tAthair Eoin Ó Gramhna **Conradh na Gaeilge** sa bhliain **1893** chun an Ghaeilge a athbheochan mar theanga labhartha na ndaoine agus chun nua-litríocht as Gaeilge a chothú.

Sa bhliain 1900, chuir Conradh na Gaeilge **Coiste na bhFoilseachán** ar bun agus d'fhoilsigh siad leabhair Ghaeilge ó pheann daoine ar nós Phádraig Uí Chonaire agus Phádraig Mhic Phiarais a spreag níos mó suime i measc lucht na hAthbheochana. Foilsíodh foclóir Gaeilge-Béarla an Athar Ó Duinnín sa bhliain 1904 agus chabhraigh sé seo go mór le foghlaimeoirí agus scríbhneoirí Gaeilge.

Bunaíodh irisí ar nós *An Claidheamh Soluis* inar foilsíodh scéalta agus ailt as Gaeilge. Bhí foilsitheoirí **An Gúm**, a bunaíodh mar chuid den Roinn Oideachais, ag tabhairt deiseanna do scríbhneoirí nua Gaeilge.

Mar sin bhí scéalta grinn, dírbheathaisnéisí, drámaí agus gearrscéalta á scríobh sa naoú haois déag agus sa fichiú aois ach fós bhí an teanga labhartha i mbaol. Cé go ndearnadh lániarracht an Ghaeilge a chur chun cinn sna scoileanna náisiúnta a bunaíodh sa bhliain **1922** níor éirigh leo sa tslí chéanna inar éirigh leo leis an mBéarla sa bhliain 1831. Ní raibh na tuismitheoirí taobh thiar den iarracht an uair seo. Bhí drochíomhá ag an nGaeilge fós.

An tSeanscríbhneoireacht

Agus daoine ag scríobh as Gaeilge sa lá atá inniu ann, úsáideann siad an Cló Rómhánach. Tá sé seo díreach cosúil leis an gcló a úsáidimid agus muid ag scríobh as Béarla. Fadó áfach, bhí scríbhneoireacht dár gcuid féin againn – an Cló Gaelach.

ᚪ b c ᴐ ᴇ ꝼ ᵹ h ı

l m n o p ꝛ ꞃ ᴄ u

Níl ach ocht litir déag in aibítir na Gaeilge. An raibh a fhios agat go mbaineann na litreacha sin le hainmneacha na gcrann éagsúil? Mar shampla, tagann *a* ó 'ailm' (palm), tagann *b* ó 'beith' (birch) agus tagann *c* ó 'coll' (hazel). An féidir leat teacht ar na litreacha atá in aibítir an Bhéarla nach bhfuil againn sa Ghaeilge?

Fadó, nuair a bhí na scríbhneoirí ag iarraidh séimhiú a chur in iúl d'úsáid siad ponc beag os cionn na litreacha. Chomh maith leis sin bhíodh ponc os cionn litreacha éagsúla (*f*, mar shampla) chun a chur in iúl nach raibh sé fuaimnithe.

leabar

rcríob

mo reompra

Bhí an cló seo in úsáid ag na manaigh agus iad ag scríobh sna lámhscríbhinní. Mar is eol do chách, tá na lámhscríbhinní seo an-ealaíonta ar fad agus sin an fáth gur fiú féachaint ar na sean-cháipéisí seo chun a fheiceáil cé chomh galánta is atá siad.

Bhí an scríbhinn seo in úsáid sa tír go dtí lár an chéid seo caite nuair a rinneadh caighdeánú ar an teanga agus nuair a beartaíodh an Cló Rómhánach a úsáid. Cé acu den dá chóras scríbhneoireachta is fearr leatsa agus cén fáth?

An Cló Gaelach

A	a
b	b
c	c
ᴐ	ᴐ
e	e
F	f
ᵹ	ᵹ
h	h
ı	ı
L	l
m	m
n	n
o	o
p	p
R	r
S	r
ᴛ	ᴛ
u	u

An Lá Atá Inniu Ann

Le déanaí, tá feabhas ag teacht ar an scéal maidir leis an nGaeilge labhartha in Éirinn. Tá na céadta páistí ag freastal ar scoileanna lán-Ghaelacha ar fud na hÉireann agus iad ag caitheamh a saoil laethúil trí mheán na Gaeilge. Téann na céadta dalta scoile chuig an nGaeltacht gach samhradh ag iarraidh feabhas a chur ar a gcuid Gaeilge. Tá irisí agus nuachtáin againn as Gaeilge agus bealach raidió agus stáisiún teilifíse againn. Tá litríocht chumasach á scríobh anois as Gaeilge agus dóchas againn go mairfidh ár dteanga ársa sa Mhílaois nua. Beidh tú ag foghlaim faoi staid na Gaeilge sa lá atá inniu ann in Aonad 2 agus cé chomh coitianta atá Gaeilge sa saol nua-aimseartha.

Ceisteanna

1   Ainmnigh dhá lámhscríbhinn cháiliúla a mhaireann fós.

_____

_____

2   Déan liosta de na focail a tháinig isteach sa teanga Ghaelach ó thíortha iasachta.

_____

_____

3   Cad is ainm don sórt Gaeilge a úsáideadh le linn na tréimhse 1200-1650 agus cén fáth gur tugadh an t-ainm sin uirthi?

_____

_____

4   Scríobh nóta ar na Bardscoileanna.

_____

_____

5   Cad is Ogham ann?

_____

6   Déan iarracht d'ainm féin a scríobh in Ogham.

_____

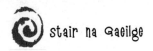

7 Cad a bhí san aisling pholaitiúil? Scríobh nóta uirthi.

_____

_____

8 Cén tábhacht a bhaineann leis na himeachtaí seo a leanas maidir leis an teanga Ghaelach: Teitheadh na nIarlaí; na scoileanna náisiúnta; an Gorta Mór; Cath Chionn tSáile.

_____

_____

_____

_____

9 Cad iad na hiarrachtaí a rinneadh sa naoú haois déag agus sa fichiú haois chun an Ghaeilge a athbheochan?

_____

_____

_____

10 Scríobh amach na focail seo a leanas sa chló Ghaelach:

tháinig _____   bliain _____

peann _____   leathanach _____

scoil _____   chuaigh _____

cathaoir _____   siopa _____

cailín _____   tuismitheoirí _____

buachaill _____   contae _____

Gaeilge _____   comhrá _____

clár dubh _____   teach _____

fuinneog _____   obair _____

dalta _____   leigheas _____

'IS LEATSA Í.
BAIN ÚSÁID AISTI'

Dúramar in Aonad 1 go raibh an Ghaeilge, mar theanga labhartha, i mbaol a báis sa naoú haois déag agus sa fichiú haois. An amhlaidh go bhfaighidh sí bás sa Mhílaois nua nó an mairfidh sí fós beo? San aonad seo feicfidh tú go bhfuil an Ghaeilge linn go fóill agus í beo beathach sna cathracha, sna bailte móra agus faoin tuath. Feicfidh tú na staitisticí agus na figiúirí, foghlaimeoidh tú faoi na Gaeltachtaí agus na canúintí éagsúla. Beidh eolas agat ar logainmneacha na tíre, agus ar na hainmneacha Gaelacha is coitianta in Éirinn. Léifidh tú faoi na Meáin Chumarsáide atá ag freastal ar lucht labhartha na Gaeilge. Beidh a fhios agat ag deireadh an aonaid seo go bhfuil todhchaí gheal ag an nGaeilge agus gurbh fhiú gach iarracht a dhéanamh í a chothú agus a chaomhnú sa mhílaois nua.

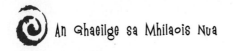

Na Gaeltachtaí

In Aonad 1, d'fhoghlaim tú gur fágadh formhór na gcainteoirí Gaeilge ar chósta iarthar na hÉireann agus, ní nach ionadh, gur ansin a fhaigheann tú na Gaeltachtaí ar an gcuid is mó inniu. Féach ar an léarscáil thíos agus feicfidh tú go bhfuil mionGhaeltachtaí le fáil in áiteanna ar nós Phort Láirge, Chorcaí, Chontae na Mí agus Mhaigh Eo mar aon leis na mórGhaeltachtaí i nDún na nGall, i gContae na Gaillimhe agus i gCiarraí. De réir daonáirimh na bliana 1996 tá beagnach 85,000 duine ar fad ina gcónaí sa Ghaeltacht agus dhá thrian den líon sin ina gcónaí i gContae Dhún na nGall agus i gContae na Gaillimhe.

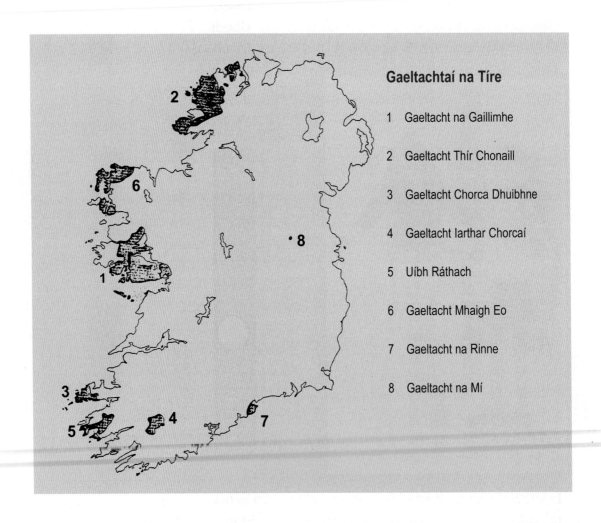

Gaeltachtaí na Tíre

1 Gaeltacht na Gaillimhe

2 Gaeltacht Thír Chonaill

3 Gaeltacht Chorca Dhuibhne

4 Gaeltacht Iarthar Chorcaí

5 Uíbh Ráthach

6 Gaeltacht Mhaigh Eo

7 Gaeltacht na Rinne

8 Gaeltacht na Mí

Canúintí

Tá canúintí éagsúla Gaeilge sna Gaeltachtaí difriúla. In aon teanga bheo bíonn na difríochtaí seo le cloisteáil. Smaoinigh anois ar an mBéarla, mar shampla. Déan liosta de na focail nó na frásaí 'ar leith' a úsáitear i do cheantar féin nach n-úsáidtear in áiteanna eile, frásaí ar nós 'Howya'; 'How's she cutting?'; 'It's mighty/ fierce/wild windy today'; 'a wee girl'; 'a young one'. Arís, smaoinigh ar do 'chanúint' féin i mBéarla. An Corcaíoch tú nó an as Dún na nGall duit? Bhuel, bí cinnte go bhfuil blas an-difriúil ar do chuid Béarla ná mar atá ar Bhéarla duine as Baile Átha Cliath nó Cill Dara.

Sa tslí chéanna, tá difríochtaí idir an sórt Gaeilge a úsáidtear i gCúige Uladh agus an Ghaeilge a úsáidtear i gCúige Mumhan ach is í an Ghaeilge fós atá á labhairt sa dá áit. Tá trí mhórchanúint in Éirinn agus iad ar fáil sna trí mhórGhaeltacht – Gaeltacht Uladh, Gaeltacht Chonnacht agus Gaeltacht na Mumhan.

Féach ar an tábla thíos agus feicfidh tú go bhfuil difríochtaí ann ó thaobh foclóra agus leaganacha cainte, foghraíochta agus gramadaí de sna canúintí éagsúla.

	Cúige Uladh	Cúige Mumhan	Cúige Chonnacht
Foclóir			
	Doiligh	Deacair	Deacair
	Caidé mar atá tú?	Conas tá tú?	Cén chaoi a bhfuil tú?
Foghraíocht			
'déan'	Jayn	Dee-an	Day-n
'beag'	Beg	Be-ug	Be-ug
Gramadach			
	Ar an bhord	Ar an mbord	Ar an mbord
	Bhí mé	Bhíos	Bhí mé

Is idir an Tuaisceart agus an Deisceart atá na difríochtaí is mó ins na canúintí agus tá canúint an Iarthair cosúil le canúint an Tuaiscirt ina lán slite. An bhfuil difríochtaí ar aon dul leo siúd thuas i labhairt an Bhéarla? Déan amach tábla de na cinn atá ar eolas agat as Gaeilge.

An Ghaeilge sa Ghalltacht

Taobh amuigh de na Gaeltachtaí an bhfuil mórán Gaeilge á labhairt in Éirinn sa lá atá inniu ann? Bhuel, i dtosach téann na céadta daltaí gach bliain chuig na Gaeltachtaí ar chúrsaí samhraidh chun feabhas a chur ar a gcuid Gaeilge. Tagann

siad ó gach chearn den tír agus téann siad ar ais ag labhairt Gaeilge ina n-áiteanna dúchais féin. Chuaigh na mílte déagóirí chuig cúrsaí samhraidh anuraidh.

Chomh maith le seo tá a lán, lán teaghlaigh na laethanta seo ag tógail a gclann le Gaeilge. Freastalaíonn os cionn 28,000 daltaí, idir dhaltaí bunscoile agus daltaí meánscoile, ar bheagnach 180 scoil lán-Ghaeilge ar oileán na hÉireann ar fad. Is fás suntasach é seo agus is cúis dóchais é chomh maith. Sna scoileanna seo is teanga bheo í an Ghaeilge laistigh de na seomraí ranga agus lasmuigh díobh. Leathnaíonn an Ghaeilge amach chuig tuismitheoirí na ndaltaí seo mar, go coitianta, mura bhfuil Gaeilge acu sula dtéann a bpáistí chuig na Gaelscoileanna cuirtear ranganna Gaeilge ar fáil dóibh.

Baineann an lucht gnó úsáid as Gaeilge go forleathan na laethanta seo mar go bhfuil an-suim á thaispeáint ag an bpobal sa teanga. Téigh isteach in aon ollmhargadh agus feicfidh tú na fógraí as Gaeilge. An chéad uair eile atá tusa ar an mbus féach timpeall ort féin agus feicfidh tú Gaeilge i ngach áit. Is féidir miontionscnamh a dhéanamh i d'áit dúchais féin agus an méid Gaeilge atá Intí a bhailiú.

De réir daonáirimh 1996 séard é an líon daoine le Gaeilge, dar leo féin, ná 1,430,205, is é sin 41 faoin gcéad den daonra iomlán na Poblachta agus is méadú suntasach é seo ó tosaíodh ar fhigiúirí a bhailiú maidir leis an nGaeilge sa bhliain 1861. Cinnte ní cainteoirí líofa iad seo go léir ach, fós, is léir ó na staitisticí go bhfuil saol agus todhchaí ag an nGaeilge mar theanga labhartha sa Mhílaois nua.

Logainmneacha

Ar smaoinigh tusa riamh ar chad go díreach is brí le hainm d'áite dúchais féin? Nó an raibh tú riamh ar saoire in áit in Éirinn agus shíl tú gurbh ainm ait a bhí san ainm áite? Bhuel, bhí an-suim go deo ag ár sinsir in ainmneacha áiteanna agus thug siad an-tábhacht lena mbunús agus a míniú. Logainmneacha a thugtar ar na hainmneacha áiteanna agus de ghnáth ní féidir teacht ar mhíniú nó bunús ainm áite in Éirinn trí bheith ag breathnú ar an leagan Béarla. Níl iontu siúd in 80 faoin gcéad de chásanna ach ainmneacha Gaeilge faoi litriú an Bhéarla.

Má théann tú siar go dtí an leagan Gaeilge, áfach, bíonn a scéal féin ag a lán de na logainmneacha seo. Déanann siad tagairt do theaghlaigh agus do cheirdeanna, d'ainmhithe agus do chrainn, do chreideamh agus do dhinnseanchas. Téigh amach mórthimpeall d'áite féin agus déan taighde ar na hainmneacha áite féachaint an féidir leat teacht ar a míniú agus a mbunús. Seo liosta beag duit chun cabhrú le do thaigdhe. Má tá suim agat, tá a lán leabhar ar fáil a thabharfadh liosta níos cuimsithí duit. Cuir ceist i do leabharlann áitiúil fúthu.

In aice leis an liosta seo scríobh ainm baile nó cathrach nó contae in Éirinn a bhfuil baint acu leis an ainm ar an liosta. Caithfidh tú litriú an Bhéarla a chur orthu uaireanta chun iad a aimsiú, mar shampla: Béal = Béal an Átha (Ballina)

Abha/abhainn: river _____

Achaidh/achadh: field or land _____

Ailt nó Aill: cliff or drop _____

Ard: height _____

Áth: ford _____

Ard

Baile: town or dwelling-place _____

Barr: top _____

Beag: small _____

Béal: mouth (of river) _____

Bóthar: road/way _____

Caiseal/caisleán: castle or fort _____

Caiseal

Caladh: harbour _____

Carraig: rock _____

Ceann/cionn: headland _____

Ceathrú: piece of land _____

Cill: church _____

Cill

Clár: level land _____

Cliath: wicker/latticed _____

Cluain: meadow/good land _____

Cnoc: hill _____

Coill: wood _____

Doire/Dair: oaken _____

Dair

Domhnach: church _____

Druim/droim: ridge _____

Dún: place of fortification _____

Each: horse _____

Eas: waterfall _____

Eo: yew tree _____

Faiche: green area of grass _____

Eas

Fearann: ground _____

Fionn: white or beautiful _____

Garbh: rough/uneven _____

Garraí: garden _____

Glas: green _____

Gleann: glen _____

Gleann

Gort: field _____

Inbhear: mouth of a river _____

Inis: island _____

Iúr: yew tree _____

Leath: piece of land _____

Leitir: side of a mountain _____

Liath: grey or green _____

Lios: circular fort _____

Lug: hole, hollow _____

Machaire/magh: level land, plain _____

Móin: bogland _____

Muileann: mill _____

Mullach: top/high ground _____

Nua: new _____

Ógh: virgin _____

Pobal: community _____

Poll: hole, hollow _____

Ráth: circular fort _____

Rinn: headland _____

Ros: woods _____

Seascan: marsh _____

Sean: old _____

Slí: path or way _____

Sí: fairy dwelling _____

Sruthán/sruthail: stream _____

Teampall: place of worship _____

Tobar: well _____

Trá: beach _____

Uaimh: cave _____

Ainmneacha Gaelacha

Tá níos mó ná 3,500 sloinnte éagsúla in Éirinn. Má tá suim agat i do shloinne nó i d'ainm pearsanta féin is féidir dul ar an idirlíon go **www.genealogy.ie** nó dul isteach go dtí do leabharlann agus tuilleadh eolais a fháil. Níl anseo ach géarú ar an ngoile duit.

Nuair nach raibh ach daonra fíorbheag in Éirinn fadó ní raibh gá ach le hainm pearsanta ar nós *Eoghan* nó *Deirdre*, ach le himeacht aimsire agus fás na tíre tháinig sloinnte dúchasacha i bhfeidhm. Tharla seo thart ar an aonú haois déag. Ar ndóigh is ó ainmneacha sinsear nó ó cheirdeanna a tháinig fórmhór na sloinnte seo mar shampla, *MacGabhann* (son of the blacksmith) nó *MacThomáis* (son of Tomás). Dá mba rud é gur le do sheanathair an t-ainm i dtosach bheadh 'Ó' in ionad 'Mac' agat, mar shampla *Ó Laoghaire* (grandson of Laoghaire) nó *Ó Domhnaill* (grandson of Domhnall). I gcás na mban cialaíonn 'Ní' iníon le agus 'Uí' bean le.

Nuair a tháinig na Lochannaigh agus na Normannaigh go hÉirinn thug siadsan a gcuid ainmneacha dúchasacha féin leo. Sa tslí sin cuireadh le liosta na n-ainmneacha pearsanta agus sloinnte a bhí againn in Éirinn. Is iad sloinnte ar nós *Sweetman* agus *Coppinger* a tháinig ó na Lochlannaigh agus *de Búrca* agus *de Róiste* a tháinig chugainn ó na Normannaigh. D'fhág na hÚgánaigh a tháinig go hÉirinn sa seachtú haois déag a rian féin ar ár sloinnte i bhfoirm ainmneacha ar nós *La Touche* agus *Trench*. Ní nach ionadh go bhfuil a lán sloinnte in Éirinn inniu a shíolraigh ó Shasana, sloinnte ar nós *Bunworth* agus *Edgeworth*.

Cén sórt sloinne atá agat féin? Mar a dúradh in Aonad 1 bhíodh an-suim ag ár sinsir sa ghinealas agus ba chuid thábhachtach é d'obair an fhile ghairmiúil. Déan iarracht do Chraobh Ghinealaigh féin a chumadh. Cuir ceisteanna ar dhaoine atá muinteartha leat. Beidh sé an-suimiúil ar fad.

Na Meáin Chumarsáide agus an Ghaeilge

Ta lucht labhartha Gaeilge millte ag an rogha atá acu ar na saolta seo agus iad ag iarradh éisteacht le rudaí, nó féachaint ar rudaí, a bhaineann le Gaeilge sna nuachtáin, in irisí, ar an raidió nó ar an teilifís. Ní mar seo a bhíodh an scéal i gcónaí.

Roimh 1972 ní raibh stáisiún raidió ag lucht na Gaeilge gan trácht ar an mbealach teilifíse atá againn inniu. Is mór an deis é Raidió na Gaeltachta do mhuintir na Gaeltachta chun iad a choimeád i gcaidreamh lena gcéile.

Tá Raidió na Gaeltachta le cloisteáil anois ar fud na tíre agus is cuid de sheirbhís chraolacháin RTÉ é. Is í an Ghaeilge teanga chraoltóireachta na seirbhíse agus is féidir éisteacht leis ar VHF nó FM 92.9MHz, nó i ngiorracht de, ag brath ar an gcuid den tír ina bhfuil tú lonnaithe.

Tá Raidió na Life ann freisin atá á chraoladh ar 102.FM agus is raidió speisialta é do lucht labhartha na Gaeilge sa phríomhchathair. Oireann an stáisiún seo do dhaoine óga ach go háirithe.

TG 4

7.00 EuroNews 18814145 **9.00** World Sport 14133058 **9.30** NBA Action 40254110 **10.05** Aussie Rules 84090413 **11.00** Ard San Aer 69498868 **11.30** On the Limit 69499597 **11.59** Spléachadh 498988936

12.00 Film: Carnival Story (1954, Melodrama, U) Anne Baxter. A tale of love and murder. 56943110 **1.40** Little Rascals 58972597 **1.56** Angela Anaconda 153226400 **2.15** Generation O! 77229481 **2.45** What about Mimi? 77228752 **3.15** An Triúr agus Jerry 45654416 **3.40** Kong 15167077 **4.05** Monster Rancher 76100348 **4.30** Muppets Tonight! 10826969 **4.55** Ultimate Book of Spells 66327954 **5.20** Cruinneas 34900226

6.05 SURVIVOR Contestants must try to survive on the South Pacific island of Nuku Hiva. 81098058
6.58 AN AIMSIR 399282110
7.00 NUACHT TG4 68312706
7.12 AN AIMSIR 224227226
7.15 FILM: THEY DRIVE BY NIGHT (1940, Drama, PG) George Raft, Ann Sheridan, Alan Hale. Classic road movie charting the fortunes of two brothers trying to break into the trucking business. 24188868
9.05 AN AIMSIR 58438077
9.10 SIBERIA: THE JOURNEY NORTH See Best of Saturday 23363481

10.10 Ceol Tíre Music and videos from country artists. 29374058
10.40 Séidean Staire Documentary looking back at the last century in the fashion industry, charting the rise of designers such as Coco Chanel and Yves St Laurent. 26986400
11.40 An Aimsir 32638058
11.45 Northern Exposure Marilyn travels to Manonash for a potlatch and questions Joel's perception of himself. 43183110
12.34 Spléachadh The work of artists throughout Ireland. 464099795
12.35 EuroNews 63210795
2.00 Close

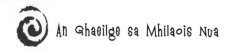

Ar Oíche Shamhna 1998 tháinig Teilifís na Gaeilge ar an aer agus ba ócáid mhór í gan dabht. Athraíodh an t-ainm go dtí TG4 tar éis tamaill ach dá mba rud maith é Radio na Gaeltachta do phobal na Gaeltachta agus lucht labhartha na Gaeilge uilig, is mó go mór an buntáiste é an bealach teilifíse seo. Is féidir cláracha de gach sórt a fheiceáil ó chúrsaí reatha go sobaldramaí.

Cheana féin tá gradaim buaite ag TG4 as ucht fheabhas a chláracha agus má léann tú leathanach na teilifíse aon oíche san *Irish Times* seans go bhfeicfidh tú ceann de chláracha TG4 luaite mar rogha an lae. Fiú mura bhfuil ach beagán Gaeilge agat tá cláracha ann a d'oirfeadh duit ar TG4. Ar leathanach 25 tá sampla de sceideal d'oíche amháin de chuid TG4 agus is léir uaidh go bhfuil na cláracha atá ar fáil ann ar aon dul le stáisiún ar bith eile.

Tá réimse nuachtán agus irisí Gaeilge ann freisin agus tá cuid acu atá an-mhaith ar fad. *Foinse* is ainm do nuachtán a thagann amach gach seachtain agus, cinnte, is nuachtán den chéad scoth é. Chomh maith leis sin, bíonn leathanaigh ar leith ann a fhreastalaíonn ar dhaltaí scoile ach go háirithe, agus iad ag iarraidh feabhas a chur ar a gcuid Gaeilge. Foilsítear nuachtán laethúil i mBéal Feirste darb ainm *Lá*.

Tá a lán irisí ann, ar nós *Dréimire* agus *Céim*, a dhíríonn ar dhaltaí scoile agus tá *Mahogany Gaspipe* ar ais arís le hailt agus pictiúir faoi phopcheoltóirí agus a leithéid. Déan iarracht ailt Ghaeilge a léamh chomh minic agus is féidir leat i mbliana. Ní gá go dtuigfeá gach focal iontu. Tiocfaidh feabhas ar do thuiscint agus ar do chumas sa Ghaeilge.

Is mór mar a chuaigh an nua-theicneolaíocht, an gréasán agus an tIdirlíon i bhfeidhm ar an nGaeilge freisin. Thíos tá seoladh idirlín duit má tá suim agat tuilleadh eolais a fháil maidir le Gaeilge agus an t-idirlíon. Baineann cuid acu le cúrsaí scoile agus scrúduithe ach tá go leor, leor seoltaí idirlín ann a bhaineann le cúrsaí Gaeilge i gcoitinne. Gaeilge ar an nGréasán an t-ainm atá ar an ngrúpa seoltaí seo agus is féidir teacht orthu go héasca ag
www.sma.uhi.ac.uk/gaeilge/gaeilge.html

'BEATHA TEANGA Í A LABHAIRT'

Tá seans iontach agat i mbliana díriú isteach ar labhairt na teanga. Is fiú 25% de mharcanna na hArdteiste an Scrúdú Béil agus tá deis iontach agat san Idirbhliain, muinín asat féin i labhairt na Gaeilge a chothú. Ag deireadh an aonaid seo tá súil againn go mbeidh tú in ann labhairt fút féin agus faoi na rudaí a bhfuil suim agat iontu.

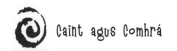 Caint agus Comhrá

Tá cur síos ar na canúintí éagsúla in Aonad 2. Mar is eol duit cheana tá trí mhór-chanúint againn – Gaeilge Chúige Uladh, Gaeilge Chúige Chonnacht agus Gaeilge Chúige Mumhan. Is dócha go bhfuil taithí níos fearr agat ar cheann amháin díobh ná mar atá agat ar na cinn eile. B'fhéidir go raibh tú sa Ghaeltacht lena mbaineann an chanúint áirithe sin nó go bhfuil an chanúint sin ag do mhúinteoir. Lean ort leis an gcanúint atá agat agus mura bhfuil aon chanúint ar leith agat déan do dhícheall teacht isteach ar cheann amháin díobh.

Is teanga álainn shaibhir í an Ghaeilge. Úsáid an teanga aon uair a bhíonn deis agat i mbliana, go háirithe sa seomra ranga!

Seo a leanas liosta de na ceisteanna is coitianta. Ní féidir le gach duine an freagra céanna a bheith acu agus sin an fáth nach bhfuil ach nodanna ar fáil. Chomh maith leis na nodanna seo féach ar na líontóirí. Cuireann siad seo le líofacht agus nádúrthacht na teanga agus is fiú go mór iad a fhoghlaim.

Na Líontóirí

- Ar an gcéad dul síos
- Sin mar atá
- Dáiríre
- Is cuma liom
- Ceart go leor
- An dtuigeann tú?
- Is deacair a rá
- Braitheann sé
- Cá bhfios?
- Bhuel
- Gan dabht ar bith
- Is náireach an rud é sin
- Tá a fhios ag an saol

- Ní féidir a shéanadh
- Is dóigh liom
- Pé scéal é
- De ghnáth
- Chun an fhírinne a rá
- Cur i gcás
- Dochreidte
- Is fíor sin
- Muise
- B'fhéidir ó
- Mar a deir an seanfhocal
- Cuireann sé déistin orm
- An ag magadh atá tú?

- Chuile sheans
- Cuir i gcás
- Tá sé ar intinn agam
- Ní fíor sin
- Cinnte!
- Ceapaim/Sílim
- Dála an scéil
- Ar aon nós
- Buíochas le Dia
- Aontaim leat
- Sa lá atá inniu ann
- Le cúnamh Dé

Na Ceisteanna

1 Ainm

Cad is ainm duit?

_____
_____
is ainm dom.

Cén t-ainm atá ort?

_____
_____
an t-ainm atá orm.

Cé tusa?

Is mise _____
_____

2 Cén aois tú?

Tá mé cúig bliana déag d'aois.

Tá mé sé bliana déag d'aois.

Tá mé seacht **m**bliana déag d'aois.

Tá mé ocht **m**bliana déag d'aois.

_____

29

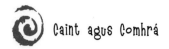

3 Áit Chónaithe

Cá bhfuil tú i do chónaí?

Tá mé i mo chónaí i

_____

_____

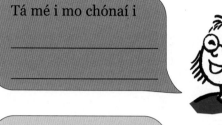

Cá bhfuil cónaí ort?

Tá cónaí orm i _____

_____

_____

Inis dom faoi d'áit chónaithe.

- Seoladh

- Suíomh: lár na cathrach/bruachbhaile/faoin tuath

- An timpeallacht: cois farraige/in aice le sléibhte

- Na háiseanna sa cheantar: leabharlann, siopaí, halla spóirt, srl.

- Na clubanna sa cheantar: club peile, club na n-óg, club snámha, srl.

- Rud suimiúil/stairiúil faoin áit.

- An dtaitníonn do cheantar leat? Cén fáth?

_____

_____

_____

_____

_____

4 Do Mhuintir

Inis dom faoi do mhuintir.

- Cé atá i do chlann?
- Cá dtagann tú sa chlann?
- Deartháireacha/deirfiúracha: ainmneacha, aoiseanna; cad atá ar siúl acu?
- Tuismitheoirí: ainmneacha, na poist atá acu
- An réitíonn sibh go maith le chéile?

_____

_____

_____

_____

_____

5 Caitheamh Aimsire

- Cad iad na caithimh aimsire atá agat?
- Cad iad? Raidió, teilifís, ceol, léamh, spórt
- Cathain a dhéanann tú é?
- Cé leis a dhéanann tú é?
- Conas a dhéantar é?
- Ar bhuaigh tú aon rud riamh?
- Cá bhfaigheann tú an t-airgead? Post páirtaimseartha?

_____

_____

_____

_____

_____

_____

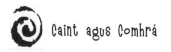 Caint agus Comhrá

6   An Scoil

Inis dom faoi do scoil.

- An sórt scoile: meánscoil/pobalscoil/scoil chuimsitheach/clochar, srl.
- Conas a thagann tú ar scoil?
- Cé mhéad scoláire atá inti?
- Cé mhéad múinteoir atá inti?
- Na háiseanna: leabharlann, bialann, seomra ríomhairí, srl.
- Na spóirt a imrítear sa scoil: peil, rugbaí, cispheil, iománaíocht, srl.
- Na himeachtaí eile a bhíonn ar siúl: turais, drámaí, comórtais, srl.
- Éide scoile.

_____

_____

_____

_____

_____

_____

Cad iad na hábhair ar mhaith leat a dhéanamh don Ardteist?
Cuir ✔ sa bhosca.

Gaeilge ❑   Eagrú Gnó ❑   Stair ❑
Béarla ❑   Eacnamaíocht ❑   Tíreolaíocht ❑
Matamaitic ❑   Ealaín ❑   Eacnamaíocht Bhaile ❑
Fraincis ❑   Ceimic ❑   Innealtóireacht ❑
Gearmáinis ❑   Fisic ❑   Líníocht Theicniúil ❑
Spáinnis ❑   Bitheolaíocht ❑   Ceol ❑
Cuntasaíocht ❑   Matamaitic Fheidhmeach ❑

Cén t-ábhar is fearr leat? Cén fáth? _____

_____

Cén t-ábhar nach maith leat? Cén fáth? _____

_____

Cad ba mhaith leat a dhéanamh tar éis na hArdteiste?

• Printíseacht

Coláiste Réigiúnach
Institiúid Teicneolaíochta

• Céim a bhaint amach

Ollscoil
Coláiste na hOllscoile, Baile Átha Cliath
Coláiste na hOllscoile, Corcaigh
Coláiste na hOllscoile, Gaillimh
Coláiste na Tríonóide
Ollscoil Chathair Bhaile Átha Cliath
Ollscoil Mhá Nuad

• Post a aimsiú

7   Cúrsaí Reatha

Cad é an scéal is mó atá i mbéal an phobail faoi láthair?

Cad é? Ciníochas, Drugaí, Cogadh, An Tuaisceart, Oideachas?

Cén fáth go mbaineann sé linne anseo in Éirinn?

An bhfuil réiteach ar an scéal? Scríobh faoi.

N.B. Deis agat foclóir fairsing a úsáid anseo.

_____

_____

_____

_____

_____

_____

_____

8   Na hAimsirí

Agus tú ag comhrá beidh ort na haimsirí éagsúla a úsáid. Ba cheart go mbeifeá in ann na haimsirí difriúla a aithint sna ceisteanna agus freagra a thabhairt san aimsir cheart. (Féach Aonad 9 chun dul siar ar na haimsirí.)

An Aimsir Chaite – Cad a rinne tú?

Uatha		Iolra	
• Bhí mé	• D'fhan mé	• Bhíomar	• D'fhanamar
• Chonaic mé	• Fuair mé	• Chonaiceamar	• Fuaireamar
• Chuaigh mé	• Rinne mé	• Chuamar	• Rinneamar
• Thóg mé	• D'imir mé	• Thógamar	• D'imríomar
• Cheannaigh mé	• Thug mé	• Cheannaíomar	• Thugamar

Freagra Samplach

Cad a rinne tú an Samhradh seo caite?

Bhí áthas orm a bheith saor ón scoil mar bhí a lán le déanamh agam. I dtús báire chuaigh mé féin agus mo chlann ar laethanta saoire go dtí an Fhrainc. Bhíomar ag campáil sa deisceart agus chaith mé beagnach gach lá ag luí faoin ngrian ar an trá. Thaitin bia na Fraince go mór liom agus oíche amháin thug mo thuismitheoirí cead dom gloine fíona a bheith agam. Chaitheamar dhá lá in Disneyland, Paris, freisin agus bhaineamar go léir an-taitneamh as.

Nuair a tháinig mé abhaile fuair mé post i mbialann in aice le mo theach. Bhí mé ag obair óna seacht a chlog san oíche go dtí meán oíche. Bhí orm freastal ar na custaiméirí agus cabhrú leis an gcócaire sa chistin. Bhí mé gnóthach sa bhialann ach bhí an pá go maith agus bhuail mé lena lán daoine deasa. Sular thángamar ar ais ar scoil chuaigh mé féin agus mo chairde go dtí an cheolchoirm i mBaile Shláine. Bhí a lán bannaí cáiliúla ag seinm ann agus bhí lá iontach againn. Bhí brón orm filleadh ar scoil gan dabht.

_____

_____

_____

_____

_____

_____

An Aimsir Láithreach – Cad a dhéanann tú?

Uatha		Iolra	
• Bím	• Fanaim	• Bímid	• Fanaimid
• Feicim	• Faighim	• Feicimid	• Faighimid
• Téim	• Déanaim	• Téimid	• Déanaimid
• Tógaim	• Imrím	• Tógaimid	• Imrímid
• Ceannaím	• Tugaim	• Ceannaímid	• Tugaimid

Freagra Samplach

Cad a dhéanann tú de ghnáth ag deireadh na seachtaine?

Téim abhaile ón scoil le mo chairde tráthnóna Dé hAoine. Déanaim m'obair bhaile láithreach mar is fuath liom é a dhéanamh oíche Dé Domhnaigh agus sin a tharlaíonn mura ndéanaim é tráthnóna Aoine. Oíche Aoine buailim le mo chairde i dteach duine againn agus bímid ag seinm ceoil le chéile mar tá banna againn. Tá cúigear againn sa bhanna agus bím ag seinm ar na drumaí.

Imrím peil maidin Dé Sathairn leis an bhfoireann áitiúil. Ní bhuaimid mórán cluichí ach bíonn an-spórt againn. Tráthnóna Dé Sathairn ní dhéanaim mórán de ghnáth agus sin é an t-am a chuireann mo Mham iachall orm mo sheomra a ghlanadh! Téim amach le mo chairde oíche Shathairn agus téimid go dtí an phictiúrlann go minic. Is breá liom scannáin de gach sórt. Ar an Domhnach bíonn béile blasta againn le chéile. Ansin téim ag imirt snúcair le mo Dhaid. San oíche caithim uair nó dhó ag féachaint ar an teilifís le mo chlann agus réitím mé féin don scoil ar an lá dár gcionn.

Caint agus Comhrá

An Aimsir Fháistineach – Cad a dhéanfaidh tú?

Uatha		Iolra	
• Beidh mé	• Fanfaidh mé	• Beimid	• Fanfaimid
• Feicfidh mé	• Gheobhaidh mé	• Feicfimid	• Gheobhaimid
• Rachaidh mé	• Déanfaidh mé	• Rachaimid	• Déanfaimid
• Tógfaidh mé	• Imreoidh mé	• Tógfaimid	• Imreoimid
• Ceannóidh mé	• Tabharfaidh mé	• Ceannóimid	• Tabharfaimid

Freagra Samplach

Cad a dhéanfaidh tú tar éis scoile inniu?

Beidh mo mháthair ag fanacht chun síob abhaile a thabhairt dom. Nuair a shroichfidh mé mo theach beidh cupán tae agam le mo Mham. Ansin déanfaidh mé m'obair bhaile. Tiocfaidh mo Dhaid abhaile ag a sé a chlog agus beidh dinnéar againn ansin. Beidh traenáil cispheile agam ag a seacht. Imeoidh mé ar ais ar scoil le cairde atá ar fhoireann na scoile liom. Baileoidh athair mo charad muid agus abhaile liom arís. Críochnóidh mé m'obair bhaile. Féachfaidh mé ar an teilifís ar feadh uair nó dhó agus ansin rachaidh mé a luí.

_____

_____

_____

_____

_____

_____

_____

_____

_____

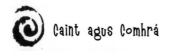

An Modh Coinníollach – Cad a dhéanfá dá ...?

Uatha	
• Bheinn	• D'fhanfainn
• D'fheicfinn	• Gheobhainn
• Rachainn	• Dhéanfainn
• Thógfainn	• D'imreoinn
• Cheannóinn	• Thabharfainn

Iolra	
• Bheimis	• D'fhanfaimis
• D'fheicfimis	• Gheobhaimis
• Rachaimis	• Dhéanfaimis
• Thógfaimis	• D'imreoimis
• Cheannóimis	• Thabharfaimis

Freagra Samplach

Cad a dhéanfá dá mbuafá milliún euro sa Chrannchur Náisiúnta?

Rachainn as mo mheabhair le háthas dá mbuafainn an méid sin airgid. I dtús báire thabharfainn airgead do mo chlann agus do mo chairde. Freisin, thabharfainn airgead do charthanacht ar nós Chumann Naomh Uinseann de Pól. Ansin cheannóinn teach ollmhór agus Ferrari dearg. Thógfainn mo chlann ar saoire timpeall an domhain ar feadh bliana. Nuair a thiocfainn abhaile bheinn fós ag iarraidh dul go dtí coláiste tríú leibhéal chun céim a bhaint amach.

_____

_____

_____

_____

_____

_____

Obair Bhreise

1 Freagair na ceisteanna thuas fút féin.

2 Labhair faoi do rogha ábhair ar feadh nóiméid.

3 Samhlaigh gur láithreoir nuachta tú ar TG4. Léigh amach príomhscéalta na nuachta don lá inniu.

4 Is iriseoir tú. Scríobh amach agallamh a bheadh agat le duine cáiliúil.

4 Taithí oibre

'IS NAMHAID AN CHEIRD GAN Í A FHOGHLAIM'

Cuid lárnach den Idirbhliain is ea taithí oibre. Beidh tú ag caitheamh cúpla seachtain amuigh i saol na hoibre, in oifig nó i scoil, in ospidéal nó i monarcha. Gheobhaidh tú taithí ar a bheith ag obair ó Luan go hAoine, óna naoi go dtí a cúig. Ní bheidh do thuismitheoirí, do chairde nó do mhúinteoirí in éineacht leat. Beidh ort do dhícheall a dhéanamh agus tú i mbun oibre ach foghlaimeoidh tú go leor faoin saol mór!

Foirm Iarratais

Ba mhaith leat a bheith ag obair i mBanc na hÉireann ar feadh coicíse agus tú ag déanamh taithí oibre. Líon isteach an fhoirm iarratais atá anseo.

Banc na hÉireann
Foirm Iarratais (Taithí Oibre)

Ainm: _____

Uimhir theileafóin: _____

Seoladh: _____

_____

Dáta Breithe: _____

An scoil ina bhfuil tú: _____

An bhliain a rinne tú an Teastas Sóisearach: _____

Na hábhair a rinne tú: _____

_____

_____

Na torthaí a fuair tú: _____

_____

_____

Na trí ábhar scoile is fearr a thaitníonn leat: _____

_____

Taithí oibre atá agat go dtí seo: _____

_____

An bhfuil ceadúnas tiomána agat? _____

Cuir ciorcal ar an dáta i mí Eanáir is fearr leat le haghaidh agallaimh: 5ú 6ú 7ú

Na caithimh aimsire atá agat: _____

_____

An post ar mhaith leat tar éis na scoile: _____

_____

Scríobh alt beag ag insint dúinn cén fáth ar mhaith leat a bheith ag obair sa bhanc:

_____

_____

_____

_____

_____

Síniú: _____ Dáta: _____

Saol na hOibre

- *Dochtúir*
- *Cuntasóir*
- *Rúnaí*
- *Tábhairneoir*
- *Garda*
- *Gruagaire*

- *Meicneoir*
- *Altra*
- *Fáilteoir*
- *Pluiméir*
- *Feirmeoir*
- *Tógálaí*

- *Innealtóir*
- *Bainisteoir Gnó*
- *Píolóta*
- *Siúinéir*
- *Eolaí*
- *Scríbhneoir*

- *Tréidlia*
- *Múinteoir*
- *Aeróstach*
- *Siopadóir*
- *Státseirbhíseach*
- *Ealaíontóir*

Cén post ar mhaith leatsa agus cén fáth?

_____

_____

_____

_____

_____

Tuairisc ar Thaithí Oibre

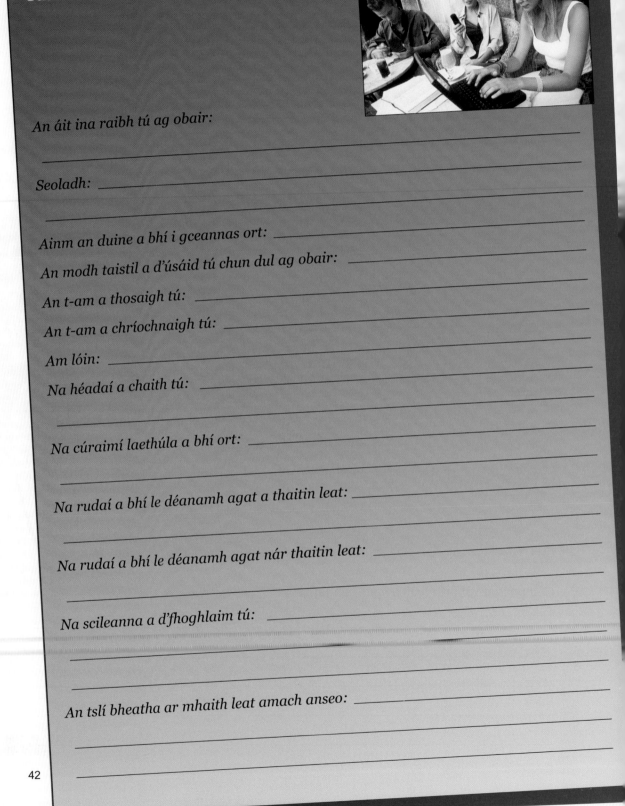

An áit ina raibh tú ag obair: _____

_____

Seoladh: _____

_____

Ainm an duine a bhí i gceannas ort: _____

An modh taistil a d'úsáid tú chun dul ag obair: _____

An t-am a thosaigh tú: _____

An t-am a chríochnaigh tú: _____

Am lóin: _____

Na héadaí a chaith tú: _____

_____

Na cúraimí laethúla a bhí ort: _____

_____

Na rudaí a bhí le déanamh agat a thaitin leat: _____

_____

Na rudaí a bhí le déanamh agat nár thaitin leat: _____

_____

Na scileanna a d'fhoghlaim tú: _____

_____

An tslí bheatha ar mhaith leat amach anseo: _____

_____

Scileanna Oibre

Seo a leanas liosta de na scileanna éagsúla atá ag teastáil agus tú ag obair. Líon isteach an ghreille thíos chun cur síos a dhéanamh ar na scileanna atá agat féin.

	Ar fheabhas	Go maith	Cuíosach	Lag
Ar an nguthán				
Ag fáiltiú roimh dhaoine				
Ag comhoibriú le daoine				
Ag réiteach le do bhainisteoir				
Ag plé le custaiméirí				
Ag éisteacht				
Ag úsáid na teicneolaíochta				
Ag úsáid uirlisí				
Ag úsáid ríomhairí				
Ag leanúint treoracha				
Bheith poncúil				
Rudaí a dhéanamh as do stuaim féin				
Bheith eagraithe				
Suim agus díograis a thaispeáint				

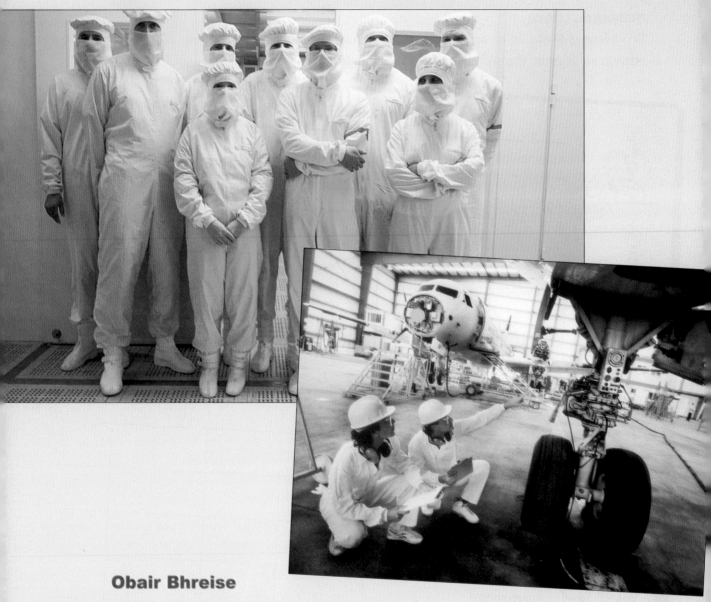

Obair Bhreise

1   Scríobh amach do C.V.

2   Scríobh litir iarratais chuig bainisteoir comhlachta ag lorg taithí oibre.

3   Eagraigh sibh féin i ngrúpaí agus ceathrar i ngach grúpa. Tá ar thriúr agaibh agallamh a chur ar an duine eile.

4   Scríobh litir chuig an gcomhlacht ina raibh tú ag obair, ag gabháil buíochais leo as ucht na cabhrach a thug siad duit agus tú ag déanamh taithí oibre ansin.

5   Scríobh alt beag ar an tslí bheatha ar mhaith leat féin.

'DÚIRT BEAN LIOM GO nDÚIRT BEAN LÉI...'

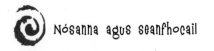

An Nollaig, Fadó

Dar leis na Gaeil fadó, ba í an Nollaig an ceann is tábhachtaí de na féilte creidimh uilig. Bhíodh a lán ullmhúcháin le déanamh agus thosaíodh na daoine ag réiteach iad féin ag tús mí na Nollag. Bhíodh na daoine ag rá paidreacha agus théadh gach duine ar Aifrinn gach lá, fiú daoine nach raibh i séipéal ar feadh bliana. Freisin bhíodh ar ghach duine dul chuig faoistin roimh na Nollag.

Tuairim is seachtain roimhe, ghlanadh na mná na tithe agus mhaisíodh na fir an clós feirme. Bhíodh na páistí ag déanamh maisiúcháin as cuileann, eidhneán agus

duilleoga síorghlas. Chomh maith le seo d'úsáididís páipéar il-daite chun cruthanna éagsúla, cosúil le réalt nó crann Nollag, a dhéanamh. Freisin théadh an lucht siúil timpeall na bailte ag díol maisiúcháin éagsúla.

Bhíodh Margadh Mór ar siúl cúpla lá roimh an Nollaig agus théadh gach teaghlach ann chun bia, deoch agus bronntanais a cheannach.

Bhíodh gach duine ag súil le hOíche Nollag mar deis do athchaidreamh a bhí ann. Thagadh daoine a bhí ag obair i gcéin abhaile ar Oíche Nollag agus bhíodh gach teaghlach ag súil lena mac nó iníon, deirfiúr nó deartháir a fheiceáil arís. Munar tháinig na himircigh abhaile chuir siad litir abhaile agus de ghnáth bhíodh bronntanas airgid sa litir sin.

I ngach baile in Éirinn lasadh na daoine *Coinneal Mhór na Nollag* agus chuiridís i bhfuinneog an tí í. De ghnáth lasadh an páiste is óige sa teach an choinneal seo agus é ag éirí dorcha. Deireadh an teaghlach paidir le chéile agus é seo á dhéanamh. Fágadh an choinneal ansin go breacadh an lae ar Lá Nollag. Lasadh na coinnle seo chun fáilte a chur roimh Íosa agus na daoine a bhíodh ag filleadh abhaile. Bhíodh an teaghlach ag súil le gach ádh sa bhliain a bhí le teacht ach nuair a múchadh an coinneal de thimpiste chreideadh an teaghlach go raibh mí-ádh nó bás rompu sa chéad bhliain eile.

D'fhágadh daoine an phríomhdhoras ar oscailt agus in áiteanna sa tír leagadh an bord do thriúr. Rinneadh é seo chun fáilte a chur roimh Muire, Iosaf agus Íosa. Chreid na daoine go dtéadh na ba agus na hasail ar a nglúine in ómós do Dhia ag meán-oíche ar oíche Nollag. Mar gheall ar seo tugadh aire mhaith dóibh ag an am seo den bhliain agus uaireanta cuireadh cuileann ar adharca na mba.

Ar Lá Nollag théadh gach duine ar Aifrinn go luath ar maidin.

Ansin réitíodh na mná dinnéar mór agus bhíodh na fir agus na buachaillí ag imirt iománaíochta nó ag fiach. Tar éis an dinnéir shuíodh gach duine timpeall na tine ag insint scéalta agus ag amhránaíocht.

Tá cáil ar Lá le Stiofán mar gheall ar an dreoilín. De réir na finnscéalta in am Íosa Chríost, nuair a bhí na Rómhánaigh ag cuardach na gCríostaithe agus á gcur chun báis, deirtear gur sceith an dreoilín ar Naomh Stiophán a bhí i bhfolach i sceach agus gur gabhadh é agus is mar gheall ar seo a théadh muintir na háite, go háirithe an dream óg, timpeall an bhaile agus iad gléasta suas. Bhíodh dreoilíní crochta ar mhaide acu. Bhídís ag béicíl agus ag amhránaíocht. Stopaidís taobh amuigh de thithe agus chanaidís amhrán an dreoilín. Ansin thugadh muintir an tí airgead dóibh. Muna bhfaighidís fáilte i dteach d'fhágaidís dreoilín os comhair an tí agus ní bheadh ádh ag muintir an tí go ceann bliana. Agus iad críochnaithe roinnidís an méid a bhí bailithe acu eatarthu.

Is féidir Buachaillí an Dreoilín a fheiceáil i mbailte beaga timpeall na tíre fós sa lá atá inniu ann. Tá cáil ar na cleamairí freisin. Seo grúpa daoine a chuireadh drámaí beaga ar siúl do mhuintir an bhaile ar Lá le Stiofán.

Ar Oíche Chinn Bhliana bhailíodh daoine le chéile i dtithe a muintir chun fáiltiú don bhliain nua. Chreid daoine go mbeadh ádh ina dteach dá mba rud é gurbh é fear nó buachaill le gruaig dhubh an chéad duine a chuir a chos thar tairseach an tí an oíche sin. Nuair a thagadh buachaill beag fuair sé bronntanas beag nó milseáin mar bhíodh áthas ar mhuintir an tí. Ar an oíche seo chuireadh cailíní cuileann agus eidhneán faoina bpiliúr ionas go mbeidís ag brionglóid faoin bhfear céile a bheadh acu sa todhchaí. Ag uair an mheán-oíche chruinníodh na teaghlaigh éagsúla le chéile agus dea-mhéin acu dá chéile.

Ceisteanna

1   Déan cur síos ar na rudaí a rinne na Gaeil fadó mar réiteach don Nollaig.

2   Cad í *Coinneal Mhór na Nollag*?

3   Cad iad na nósanna eile a chleacht daoine ar Oíche na Nollag?

4   Déan cur síos ar Lá na Nollag, fadó.

5   Có hiad Buachaillí an Dreoilín?

6   Déan cur síos ar Oíche Chinn Bhliana agus na rudaí a rinne siad.

Na Sióga

Samhlaítear Éire mar thír draíochta agus creidtear go gcónaíonn dream osnádúrtha inti. Déantar trácht go minic ar 'The Little People' ach cé hiad seo?

Samhlaítear go gcónaíonn **na sióga** i ngrúpaí móra i ráth sí a bhíonn lonnaithe faoi sceach draíochta. Samhlaítear freisin go bhfuil na síoga seo an-bheag, an-dathúil agus go bhfuil gruaig fhada, bhuí orthu. Deirtear gur bhreá leo bainne agus mil. Caitheann siad lá i ndiaidh lae ag amhránaíocht agus ag damhsa sa lios.

Fiú sa lá atá inniu ann bíonn drogall ar ghnáthdhaoine dul i ngleic leis an saol osnádúrtha agus sin an fáth nach dtreabhann aon fheirmeoir an talamh timpeall ar ráth. Creideann daoine go mbeidh mí-ádh ag an duine a chuireann isteach ar na síoga. Dar leis an seanchas, bíonn bua na filíochta ag na daoine a chloiseann ceol draíochta na sí ach faigheann siad bás bliain agus lá i ndiaidh dóibh an ceol seo a chloisteáil.

Deirtear freisin go ngoideann na síoga seo páistí daonna agus go bhfágann siad **iarlais** ina n-áit. Deirtear go bhfuil páistí nach bhfuil baiste i mbaol agus tá seans ann go ngoidfear iad agus go bhfágfar ainsprid ina n-áit. Bíonn an leanbh seo tanaí, gránna, teasaí agus é/í ag screadaíl ó mhaidin go hoíche. De ghnáth bíonn bua ceoil ag an iarlais agus bíonn gach duine a chloiseann a chuid ceoil faoi dhraíocht aige.

Tá **sióga aonaracha** againn freisin agus tá aithne ag gach duine ar an mbean sí, an púca agus an leipreachán.

Teachtaire osnádúrtha an bháis ón saol eile atá sa **bhean sí**. Má chloistear a cuid caointe neamhshaolta ag screadaíl ar an ngaoth fhíochmhar tá sí amuigh ansin ag cíoradh a gruaig fhada dhorcha ag fógairt bháis ar chlann. Tá caoineadh na mná sí lán le nótaí a bhíonn ag ardú agus ag ísliú ar nós tonnta na farraige. Bhí bean sí dá gcuid féin ag na sean-teaghlaigh móra a bhí ina gcónaí in Éirinn fadó. Deirtear go leanann an bhean sí teaghlaigh leis an sloinne Ó nó Mac fiú fós sa lá atá inniu ann. Glaoitear an bhean chaointe agus an bhean níocháin ar an spiorad seo freisin.

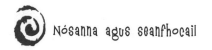

Deirtear gur féidir í a fheiceáil ag ní éadaí an duine atá chun bás a fháil agus na héadaí clúdaithe le fuil. Agus duine sa teaghlach ag fáil bháis bíonn an bhean sí ag siúl sna cnoic dhorcha timpeall an tí. Figiúr bán, ard, tanaí le haghaidh mhílítheach atá inti agus tá súile dearga aici mar go bhfuil sí tar éis caoineadh leis na cianta.

Taibhse díobhálach é **an púca**. Bíonn sé amuigh san oíche ag déanamh anmhailíse de chineál éigean. Is féidir leis a chruth a athrú ó phoc go capall nó ó tharbh go hiolar. Bíonn sé ag fanacht ar bhóithre iargúlta ag feitheamh leis an taistealaí tuirseach. Nuair a théann an taistealaí in airde air as go brách leis agus tógann sé an duine bocht ar mharcaíocht scanrúil, fiáin timpeall na tíre go dtí breacadh an lae nuair a chaitheann sé an marcach bocht ina chnap cois claí nó i bportach. Imíonn sé leis arís ag súil leis an gcéad duine eile. Deirtear freisin go dtéann sé chuig tithe éagsúla agus go nglaoann sé amach ainm na ndaoine a theastaíonn uaidh chun dul ar an gcéad sciuird eile leis. Muna dtagann an duine sin amach déanann sé praiseach den teach agus cuireann sé mallacht ar mhuintir an tí.

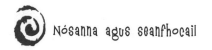

Deirtear gurb é Brian Ború (Ard-rí na hÉireann) an t-aon duine ar éirigh leis marcaíocht ar an bpúca. Faoi dheireadh bhí an púca traochta agus bhí air géilleadh do Bhrian. Nuair a fuair Brian an lámh in uachtar air bhí ar an bpúca gealluínt a thabhairt nach dtógfadh sé aon mharcach Éireannach arís ach amháin duine a bhí ar meisce. Mar sin tá an púca fós timpeall na tíre ag feitheamh leis an gcéad mharcach (ólta) eile!

Is é **an leipreachán** ceann de na síóga is cáiliúla atá againn ach cé hé an leipreachán seo go díreach? Bhuel tá an fear seo tuairim is dhá throith ar airde agus de ghnáth bíonn sé ina shuí faoi chrann, casúr ina lámh aige agus é ag deisiú bróga. Bíonn cóta, bríste agus hata glas á chaitheamh aige. Is cosantóir óir é agus tá a fhios aige cá bhfuil an croca óir. Má bheireann tú ar leipreachán tá air a insint duit cá bhfuil a chuid óir. Bí cúramach áfach, mar má bhaineann tú do shúile uaidh, ar feadh soicind fiú, glanann sé leis agus an t-ór fós aige. Má fheiceann tú tuar ceatha inseoidh sé seo duit cá bhfuil an t-ór ach beidh ort an lámh in uachtar a fháil ar an leipreachán sula bhfaighidh tú an t-ór!

Ceisteanna

1 Déan cur síos ar na síóga.

2 Cá mbíonn siad ina gcónaí?

3 Cén fáth go mbíonn drogall ar dhaoine cur isteach ar na síóga?

4 Cad é an iarlais?

5 Conas gur féidir le duine a leanbh féin a fháil ar ais arís?

6 Ainmnigh trí shíóg aonarach atá againn.

7 Céard a bhíonn á fhógairt ag an mbean sí?

8 Céard iad na hainmneacha eile atá aici?

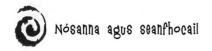

9   Déan cur síos uirthi.

10 Cén sórt taibhse é an púca?

11 Céard iad na cruthanna éagsúla d'fhéadfadh a bheith air?

12 Cad a dhéanann sé nuair a théann taistealaí in airde air?

13 Cad a dhéanann sé nuair a dhiúltaíonn duine dul ag marcaíocht air?

14 Conas a tharla sé nach bhfuil cead aige anois ach daoine atá ar meisce a chrochadh leis?

15 Déan cur síos ar an leipreachán.

16 Tá post ag an leipreachán. Cad é?

17 Cad a chiallaíonn tuar ceatha?

18 Caithfidh duine a bheith cúramach leis an leipreachán. Cén fáth?

Obair Bhreise

1 Samhlaigh duine de na carachtair seo i d'intinn. Anois déan iarracht pictiúr dóibh a tharraingt.

2 Scríobh sí-scéal bunaithe ar dhuine amháin de na carachtair seo.

3 Déan iarracht teacht ar sí-scéal ina bhfuil duine amháin de na carachtair seo luaite.

Na Seanfhocail

Is cuid lárnach de theanga na Gaeilge iad na seanfhocail. Tá siad againn leis na cianta agus tá siad fós fíor sa mhílaois nua. Tá na seanfhocail chomh hoiriúnach inniu is a bhí siad na céadta bliain ó shin. Cuireann na seanfhocail le saibhreas agus áilleacht na teanga agus tugann siad léargas dúinn ar mheon na Gaeil fadó. Taispeáineann na seanfhocail na rialacha agus fealsúnacht mhorálta a mhaireann sa phobal.

Scaipeadh na seanfhocail ó bhéal go béal agus ó ghlúin go glúin leis na céadta bliain. Is le gach duine na seanfhocail seo agus is é sin an fáth go bhfuil siad fós beo beathach ag tús na mílaoise nua! Seo liosta de na seanfhocail is coitianta. Is dócha go bhfuil a lán díobh ar eolas agat cheana ach b'fhéidir go mbeidh ceann nó dhó ann nach bhfaca tú go dtí seo ...

- *Tír gan teanga, tír gan anam.*

- *Beatha teanga í a labhairt.*

- *Ar scáth a chéile a mhaireas na daoine.*

- *Bíonn dhá insint ar scéal agus dhá insint déag ar amhrán.*

- *Bíonn an siúlach scéalach.*

- *Ní neart go cur le chéile.*

- *Tús maith, leath na hoibre.*

- *Mol an óige agus tiocfaidh sí.*

- *Níl aon tinteán mar do thinteán féin.*

- *Giorraíonn beirt bóthar.*

- *An té nach bhfuil láidir ní foláir dó bheith glic.*

- *Is minic a bhris béal duine a shrón.*

- *Maireann croí éadrom i bhfad.*

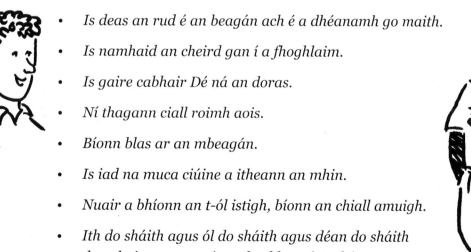

- *Múineann gá seift.*

- *Ní hé lá na gaoithe lá na scoilbe.*

- *Is deas an rud é an beagán ach é a dhéanamh go maith.*

- *Is namhaid an cheird gan í a fhoghlaim.*

- *Is gaire cabhair Dé ná an doras.*

- *Ní thagann ciall roimh aois.*

- *Bíonn blas ar an mbeagán.*

- *Is iad na muca ciúine a itheann an mhin.*

- *Nuair a bhíonn an t-ól istigh, bíonn an chiall amuigh.*

- *Ith do sháith agus ól do sháith agus déan do sháith den obair, agus nuair a gheobhas tú an bás féadfaidh tú do sháith a chodladh.*

- *Dá mbeadh spré ag an gcat is minic a phógfaí í.*

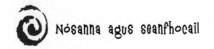

Ceisteanna

1 Cén fáth, dar leat, go bhfuil na seanfhocail fós beo sa lá atá inniu ann?

2 Cé acu is fearr leat? Cén fáth?

3 Pioc amach trí cinn a mhaireann i dteangacha eile freisin?

4 Scríobh scéal beag morálachta bunaithe ar cheann de na seanfhocail thús.

5 Tá seanfhocail úsáidte sa leabhar seo, ag tús gach caibidil. An bhfuil siad oiriúnach do na caibidil éagsúla? Cén fáth?

'BÍONN DHÁ INSINT AR SCÉAL AGUS DHÁ LEAGAN DÉAG AR AMHRÁN'

San aonad seo foghlaimeoidh tú mar gheall ar ár gcultúr Gaelach idir cheol agus rince agus conas mar a chaith na Gaeil fadó a saol sóisialta. Cad a bhíodh ar siúl ag na Gaeil fadó gan teilifís, gan raidió, gan físeáin gan fiú leictreachas acu chun leabhar a léamh? Bhuel, is é a bhíodh acu ná scéalaíocht, ceol agus damhsa. Ag deireadh an aonaid seo beidh eolas agat féin ar chúpla amhrán agus rince nó dhó freisin!

An Seanchaí

Bhí duine an-tábhachtach i measc na ndaoine fadó
agus ba é sin an **seanchaí**. Duine ar leith
ab ea é a thagadh go dtí na tithe agus
a insíodh na scéalta béaloidis dóibh.
Bothántaíocht nó **airneán** a
ghlaotar air seo agus ba ócáid mhór
i saol na ngnáthdhaoine í. Bhíodh
lucht an bhaile ar bís agus iad ag
súil leis an gcuairt ón séanchaí.
Samhlaigh é agus an t-ullmhúchán go léir ar
siúl: an bia agus an deoch le réiteach; an teach le
glanadh; an tobac ann chun na píopaí a líonadh. Thagadh gach duine go dtí an teach
céilí agus bhíodh an-oíche acu. Insíodh an leagan ba dhéanaí de na scéalta béaloidis i
slí an-ealaíonta. Bhíodh sáreolas ag an lucht éisteachta ar na carachtair agus ar na
téamaí go léir a bhíodh sna scéalta seo sa chaoi chéanna is a bhfuil cur amach
againne inniu ar charachtair 'Coronation Street' nó 'Ros na Rún'. Bhíodh ceol agus
rince ar siúl freisin ach bhíodh tús áite na hoíche ag an seanchaí.

Ceol Gaelach

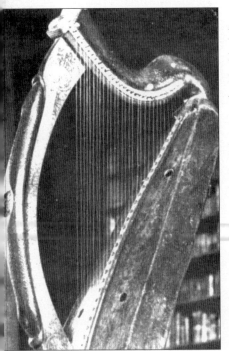

Is féidir **ceol gaelach** a roinnt ina dhá leath: amhráin agus ceol
rince. Shíolraigh an ceol seo ó thraidisiún na mbard. Bhí an ceol
mar chuid lárnach de shaol ár muintire ón dara haois déag agus
teacht na Normannach.

D'oibrigh an córas pátrúnachta céanna maidir leis an gceol agus
leis an bhfilíocht. Is í an chláirseach an uirlis cheoil is ársa agus is
traidisiúnta atá againn. Chomh fada siar leis an ochtú haois déag
ba iad na píobairí na ceoltóirí ba thábhachtaí. Bheadh an
mhórchuid de na foinn chláirsí caillte againn murach fear óg darb
ainm **Edward Bunting** a bhailigh na poirt ó na píobairí ag
tionól i mBéal Feirste sa bhliain 1792. (Is féidir an ceol sin a
chloisteáil ar thaifeadtaí a rinne an cláirseoir Gráinne Yeats.) Tá
'Cláirseach Bhriain Ború', an chláirseach is sine atá againn agus a
tháinig ón gceathrú haois déag, lonnaithe i gColáiste na Tríonóide
i mBaile Átha Cliath.

Chomh maith leis an **gcláirseach** is iad an **fheadóg mhór, an phíb uilleann** agus **an fhidil** na huirlisí a sheinntear go rialta i gceol traidisiúnta na hÉireann. Tugadh isteach an **bodhrán** i 1960 chun rithim sa bhreis a thabhairt don cheol. Úsáidtear an **fheadóg stáin** go coitianta anois freisin i ngrúpaí traidisiúnta.

Maidir leis an amhránaíocht is é **an sean-nós** a thugtar ar an stíl amhránaíochta is sine agus is traidisiúnta atá againn. Is féidir dul níos faide siar ná an Chríostaíocht chun teacht ar bhunús an cheoil sin. Sampla maith den ealaín ársa seo is ea *Deora Aille* le **Máire Áine Ní Dhonncha** (Ceirníní Cladaigh). Éist leis agus bain sult as.

Mar is eol do chách tá an ceol agus an rince traidisiúnta beo beathach ar fud na tíre sa Mhílaois nua. Tá cáil ar cheol agus ar rince traidisiúnta na hÉireann ar fud an domhain, chomh maith le **Riverdance** agus grúpaí ar nós na **Chieftains** agus **Clannad**.

Bunaíodh **Comhaltas Ceoltóirí Éireann** in Eanáir 1951. Tá níos mó ná 400 craobh de Chomhaltas Ceoltóirí Éireann in Éirinn agus thar lear agus iad ag cothú agus ag caomhnú na dtraidisiún seo. Tugann sé deis do cheoltóirí, damhsóirí agus amhránaithe a gceird a chleachtadh agus a fheabhsú. Eagraíonn siad comórtais agus fleadhanna ceoil i rith na bliana. I mí Lúnasa bíonn **Fleadh Cheoil na hÉireann** ar siúl nuair a thagann na mílte ceoltóirí le chéile, i mbailte éagsúla gach bliain, chun an ceol dúchais a sheinm.

Má tá tuilleadh eolais ag teastáil uait, is féidir dul i dteagmháil le Cartlann na dTraidisiún Náisiúnta i gCearnóg Mhuirfean ar **www.itma.ie**, nó is féidir díriú ar an taighde atá déanta ar shean-nós ag an Dochtúir Mícheál Ó Súilleabháin ar **www.ul.ie/~iwmc/**. Is é an seoladh idirlíne atá ag Comhaltas Ceoltóirí Éireann ná **www.comhaltas.com**.

Rince

San aonad seo foghlaimeoidh tú roinnt rincí éagsúla. Tá cáil ar na rincí Gaelacha ar fud an domhain, go háirithe anois nuair atá taispeántais ar nós *Riverdance* agus *Lord of the Dance* ar an saol. Bíonn feiseanna ceoil ar siúl ar fud na tíre agus is féidir cailín atá chomh hóg le ceithre bliana d'aois, agus fear atá ochtó bliain d'aois, a fheiceáil agus iad rannpháirteach sna rincí éagsúla. Ar aghaidh linn anois ag foghlaim rince nó dhó:

1 **Fallaí Luimnigh**

2 **Ionsaí na hInse**

3 **Baint an Fhéir**

4 **Staicín Eorna**

5 **Tonnta Thoraigh**

Fallaí Luimnigh

- Roghnaigh do pháirtí. Bíonn cailín agus buachaill ag damhsa le chéile agus bíonn an cailín ar thaobh na láimhe deise.

- Seastar beirt os comhair beirte. Bíonn an cailín ag seasamh le buachaill amháin in aice léi agus buachaill eile díreach os a comhair. Bíonn líne fhada ann le beirt os comhair beirte.

- Beir greim láimhe ar do pháirtí. Tá an chéim **a haon, a dó, a trí** ar eolas ag gach duine. Déantar é seo faoi dhó agus an bheirt ag dul isteach agus amach.

  ('Isteach dó, trí, isteach dó, trí. Amach dó, trí, amach dó, trí' x 2).

- Anois tá na cailíní chun athrú ó áit go háit agus **sleaschéim** ('a haon, dó, trí, ceathair, cúig, sé, seacht; a haon, dó, trí is a haon, dó, trí') á dhéanamh acu.

- Déanann na buachaillí an rud céanna agus ina dhiaidh sin ba cheart go mbeadh an chéad bheirt san áit inar thosaigh an bheirt atá os a gcomhair.

- Anois beireann gach buachaill greim láimhe ar an gcailín atá os a chomhair amach. Arís déantar sleaschéim agus téann an bheirt atá ar chlé amach ar chlé. Téann an bheirt atá ar dheis amach ar dheis. Fantar amuigh ar an taobh don 'aon, dó, trí, aon, dó, trí' agus déantar sleaschéim arís ag teacht ar ais.

- Anois casann tú ar an bpáirtí a bhí agat ag an tús agus déantar an **luascadh**. Beir greim ar uillinn chlé do pháirtí le do lámh chlé agus beir greim ar lámh dheas do pháirtí le do lámh dheas. Anois téann sibh timpeall ag déanamh 'a haon, a dó, a trí' ocht n-uaire.

- Nuair atá an luascadh thart ba chóir go mbeadh gach beirt ag féachaint sa treo céanna inar thosaigh siad ach iad ag féachaint ar bheirt nua. Tosaíonn an rince ó thús arís. (Nuair nach bhfuil beirt ag fanacht libh agus sibh ag tús/deireadh na líne, tóg sos beag agus beidh beirt libh ar ball).

- *Anois cuir an téip ar siúl agus bain triail as tú féin!*

Baint an Fhéir

- Sa rince seo bíonn cúigear buachaillí ag rince le cúigear cailíní. Bíonn líne fhada síos an halla le cúigear os comhair cúigir (ach an uair seo fanann siad leis an ngrúpa céanna don rince uile).

- Beireann na cailíní greim láimhe ar a chéile agus déanann na buachaillí mar an gcéanna. Déantar an **a haon, dó, trí** faoi dhó agus an dá líne le cúigear ag dul isteach agus amach. ('Isteach dó, trí, isteach dó, trí. Amach dó, trí, amach dó, trí' x 2).

- Seasann an dá líne san áit inar thosaigh siad agus déantar *an cic* (buailtear an chos dheas ar an urlár do bhéim amháin. Ansin ardaítear an chos chéanna agus sáitear amach í do bhéim amháin. Ansin déantar an 'aon, dó, trí, agus aon, dó, trí'. Tá an chéim seo éasca go leor. Déantar an rud céanna leis an gcos chlé.

- Téann an dá líne isteach agus amach uair amháin eile.

- Anois tá an cailín ag barr a líne chun bualadh leis an mbuachaill atá ag bun a líne, sa lár. Téann siad 'isteach dó trí, isteach dó trí' agus nascann siad le chéile agus ansin 'ar ais dó trí, ar ais dó trí'. Déanann an buachaill ag an mbarr agus an cailín ag bun na líne amhlaidh.

- Déantar é seo arís ach nuair a bhuaileann siad le chéile an uair seo déanann siad **an luascadh**.

- Anois tá an cailín agus an buachaill ag barr gach líne chun damhsa le chéile. Nascann siad a lámha deasa le chéile ag damhsa 'a haon, dó, trí' x 2. Anois ba cheart go mbeadh an cailín ag féachaint i dtreo na mbuachaillí agus go mbeadh an buachaill ag féachaint i dtreo na gcailíní.

- Téann an cailín ar aghaidh go dtí an chéad bhuachaill eile agus nascann siad a lámha chlé le chéile ('a haon, dó, trí' x 2). Ansin ar ais léi go dtí a buachaill féin i lár an dá líne agus nascann siad a lámha deasa le chéile ('a haon, dó, trí' x 2). Déanann an buachaill amhlaidh leis na cailíní.

- Nuair atá an bheirt ag deireadh na líne déanann siad an luascadh x 8. Agus iad ag luascadh le chéile bogann siad ar ais go dtí an áit inar thosaigh siad.

- Anois tá cúigear os comhair cúigir arís. Casann an cailín agus an buachaill a bhí díreach ag damhsa ar dheis agus déanann gach duine eile amhlaidh. Téann an cailín/buachaill chun tosaigh go deireadh na líne (ag siúl taobh thiar dá líne féin). Nuair a bhuaileann siad le chéile ansin cuireann siad a lámha le chéile cosúil le droichead.

- Beireann gach cailín/buachaill greim láimhe ar a bpáirtí féin agus damhsaíonn siad le chéile faoin droichead.

- Anois ba cheart go mbeadh beirt nua ag barr an dá líne agus go mbeadh an bheirt a bhí díreach ag damhsa ag bun na líne. Tosaíonn an damhsa ó thús arís.

Amhránaíocht

An tAmhrán Náisiúnta

Sinne Fianna Fáil,
Atá faoi gheall ag Éirinn,
Buíon dár slua
Thar toinn do ráinig chugainn:
Faoi mhóid bheith saor
Seantír ár sinsear feasta
Ní fhágfar faoin tíorán ná faoin tráil;
Anocht a théam sa bhearna baoil
Le gean ar Ghaeil chun báis nó saoil,
Le gunna-scréach, faoi lámhach na bpiléar
Seo libh, canaíg' Amhrán na bhFiann.

Beidh Aonach Amárach

Curfá:
Beidh aonach amárach i gContae an Chláir,
Beidh aonach amárach i gContae an Chláir,
Beidh aonach amárach i gContae an Chláir,
Cén mhaith dom é! Ní bheidh mé ann.

A mháithrín an ligfidh tú chun aonaigh mé?
A mháithrín an ligfidh tú chun aonaigh mé?
A mháithrín an ligfidh tú chun aonaigh mé?
A mhuirnín ó, ná héiligh é.
(Curfá)

Níl tú a deich ná a haon déag fós,
Níl tú a deich ná a haon déag fós,
Níl tú a deich ná a haon déag fós,
Nuair a bheidh tú trí déag beidh tú mór.
(Curfá)

B'fhearr liom féin mo ghréasaí bróg,
B'fhearr liom féin mo ghréasaí bróg,
B'fhearr liom féin mo ghréasaí bróg,
Ná oifigeach airm le lásaí óir!
(Curfá)

Óró 'Sé Do Bheatha 'Bhaile

Curfá:
Óró 'sé do bheatha 'bhaile,
Óró 'sé do bheatha 'bhaile,
Óró 'sé do bheatha 'bhaile,
'Nois ar theacht an tSamhraidh!

'Sé do bheatha, 'bhean ba léanmhar!
B'é ár gcreach tú bheith i ngéibheann,
Do dhúiche bhreá i seilbh meirleach;
'S tú díolta leis na Gallaibh.
(Curfá)

Tá Gráinne Mhaol a' triall thar sáile,
Óglaigh armtha léi mar gharda,
Gaeil iad féin is ní Gaill ná Spáinnigh;
Is cuirfidh siad ruaig ar Ghallaibh.
(Curfá)

A bhuí le Dia na bhFeart má dhearcam,
Mura mbím beo 'na dhiaidh ach seachtain
Gráinne Mhaol is míle gaiscíoch
A' fógairt fáin ar Ghallaibh.
(Curfá)

Níl 'na Lá

Curfá:
Níl 'na lá, níl a ghrá,
Níl 'na lá ná baol ar maidin,
Níl 'na lá is ní bheidh go fóill,
Solas ard atá sa ghealaigh.

Chuaigh mé 'steach i dteach aréir
Is d'iarr mé cárt ar bhean a' leanna,
'Sé dúirt sí liom: ní bhfaighidh tú deoir
Buail an bóthar 's gabh abhaile.
(Curfá)

Chuir mé féin mo lámh im' phóc',
'S d'iarr mé briseadh coróin uirthi;
'Sé dúirt sí liom, "Buail a' bord
Is bí ag ól anseo go maidin!"
(Curfá)

"Éir' i d' shuí, a fhir a' tí,
Cuir ort do bhríste is do hata,
Go gcoinní tú ceol leis a' duine cóir,
A bheas ag ól anseo go maidin."
(Curfá)

Nach mise féin an fear gan chéill
A d'fhág mo chíos i mo scornach?
D'fhág mé léan orm féin,
Is d'fhág mé séan ar dhaoine eile.
(Curfá)

Ceisteanna

1   Cathain ar tharla an eachtra seo? _____

2   Céard a bhí á lorg ag an bhfear? _____

3   Céard a dúirt bean an tí leis ar dtús?

_____

4   Cén fáth ar athraigh sí a hintinn?

_____

5   Cén fáth ar dhúisigh sí fear an tí?

_____

6   Cén fáth nach bhfuil an t-údar sásta leis féin ag deireadh an scéil?

_____

Peigín Leitir Móir

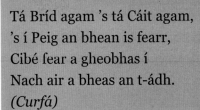

Curfá:
Is ó gairm gairm í
Agus gairm í mo stór,
Míle grá le m'anam í
'sí Peigín Leitir Móir.

Tá Bríd agam 's tá Cáit agam,
's í Peig an bhean is fearr,
Cibé fear a gheobhas í
Nach air a bheas an t-ádh.
(Curfá)

Chuir mé scéala siar chuici
Go gceannóinn di bád mór,
'Sé scéal a chuir sí aniar chugam
go ndéanfadh leathbhád seoil.
(Curfá)

Tá iascairí na Gaillimhe
ag teacht anoir le cóir,
Le solas gealaí gile
nó go bhfeicfidís an tseoid.
(Curfá)

Éirigh suas, a Pheigín
Agus seas ar bharr an aird,
Comhraigh do chuid bullán
Agus féach a' bhfuil siad ann.
(Curfá)

Ceisteanna

1   An dtaitníonn Peigín leis an údar? _____

2   Cá bhfuil Peigín ina cónaí? _____

3   Cén fáth nach bhfuil an fear sásta le Bríd agus Cáit? _____

4   Cén post atá ag an bhfear? _____

5   Cén scéal a chuir an file siar chuig Peigín? _____

6   Cén freagra a fuair sé ar ais uaithi?

_____

7   An dóigh leat go dtaitníonn an fear le Peigín? Cén fáth?

_____

8   An bhfuil fir eile tógtha le Peigín freisin? Cá bhfios dúinn?

_____

'BÍONN SIÚLACH SCÉALACH'

San Aonad seo foghlaimeoidh tú faoin traidisiún liteartha ársa atá againn in Éirinn. Léifidh tú scéalta atá bunaithe ar na scéalta béaloidis a bhíodh i mbéal an phobail fadó sular tosaíodh ar na scéalta seo a scríobh ar chor ar bith.

Bhíodh na scéalta seo cosúil leis na sobaldrámaí atá chomh coitianta sin anois ar an teilifís. Bhailíodh muintir na háite i dteach ar leith agus thagadh an seanchaí leis an ngiota is déanaí den scéal, nó b'fhéidir scéal nua ar fad. Samhlaigh anois cé chomh corraitheach is a bhíodh gach éinne agus iad ag feitheamh leis an seanchaí. Cuimhnigh nach raibh léamh ag an ngnáthdhuine. Ní raibh aon trácht ar raidió ná ar theilifís. Daoine tábhachtacha agus ardstádas ag roinnt leo a bhíodh sna seanchaithe agus ar ndóigh daoine ab ea iad a raibh bua na scéalaíochta acu agus an-chuimhne go deo. Bhíodh orthu scéalta fada a chur de ghlan mheabhair agus iad a chur trasna i slí a choimeádfadh suim an lucht éisteachta.

San ochtú haois tosaíodh ar na scéalta a scríobh síos agus tá leaganacha difriúla le fáil ar fud na tíre. Ba iad siúd tús agus bunús ár dtraidisiúin liteartha agus scríobhadh drámaí agus filíocht agus, ar ndóigh, scéalta a bhí bunaithe ar na scéalta béaloidis sin.

Tá ceithre shraith de na scéalta béaloidis ann: **An tSraith Stairiúil** agus **An tSraith Mhiotaseolaíochta** ach tagann formhór na scéalta ón **Rúraíocht** agus ón bh**Fiannaíocht**. Tá samplaí san Aonad seo den dá shraith sin.

Céard atá i gceist leis na téarmaí seo? Bhuel, go simplí, tagann na scéalta Fiannaíochta ón am a raibh **Fionn agus na Fianna** i réim in Éirinn agus tagann na scéalta Rúraíochta ón tréimhse ina raibh **Conchúr Mac Neasa agus an Chraobh Rua** i réim. Baineann an Fhiannaíocht le tréimhse níos faide siar sa stair ná tréimhse na Rúraíochta ach is laochscéalta iad araon. Is é sin, ba shlua laochra iad na Flanna agus an Chraobh Rua.

Ba é **Cú Chulainn** príomhlaoch na Rúraíochta agus ba é **Fionn Mac Cumhaill** príomhphearsa na Fiannaíochta. Tá cúpla difríocht idir an dá bhailiúchán de scéalta agus dánta. Mar shampla, is amuigh faoin aer a tharlaíonn an chuid is mó den ghníomhaíocht sna scéalta Fiannaíochta ach sna scéalta Rúraíochta is i ndúnta agus i gcaisleáin a tharlaíonn na himeachtaí.

Conas a Fuair Cú Chulainn a Ainm

(Scéal cáiliúil ón Rúraíocht)

Tá a fhios ag an saol gur laoch[1] agus gaiscíoch[2] den scoth[3] é Cú Chulainn ach conas a fuair sé an t-ainm cáiliúil sin?

Nuair a rugadh é baisteadh[4] an t-ainm Séadanda nó Setanta air. Bhí a athair ina thaoiseach i ríocht[5] Chonchúir. Bhí sé dílis[6] don rí agus bhí Conchúr mar athair altrama[7] ag Setanta. Nuair a bhí Setanta seacht mbliana d'aois thosaigh sé ag freastal ar scoil oiliúna[8] chun scileanna gaiscíochta a fhoghlaim.

Bhí fear darbh ainm Culann ina chónaí i gCúige Uladh ag an am. Rinne sé na claimhte[9] do Chonchúr agus dá laochra. Lá amháin bheartaigh sé[10] féasta a bheith aige. Bhí ardmheas aige ar Chonchúr. Thug sé cuireadh do Chonchúr agus dá lucht leanúna[11] teacht go dtí an féasta. Ghlac Conchúr leis an gcuireadh.

Thug Conchúr cuairt ar Setanta sa scoil oiliúna nuair a bhí sé ar a shlí go dtí féasta Chulainn. Nuair a shroich sé an scoil bhí Setanta ag imirt iománaíochta agus níor chreid sé a shúile nuair a chonaic sé cé chomh maith is a bhí Setanta. Bhí Setanta in ann cúl a fháil fiú nuair a bhí níos mó ná céad buachaill ina choinne[12] agus ní raibh seans ag éinne cúl a fháil nuair a bhí Setanta ina chúl báire. Ansin thosaigh na buachaillí ag iomrascáil[13]. Arís ba é Setanta an duine ab fhearr. D'éirigh leis an lámh in uachtar[14] a fháil ar na buachaillí eile arís fiú nuair a chuaigh siad ina choinne le chéile. Nuair a chonaic Conchúr na gaiscí[15] seo ar fad bheartaigh sé Setanta a thabhairt leis go dtí féasta Chulainn. Bhí Setanta ag iarraidh na cluichí a chríochnú agus dúirt sé go leanfadh sé Conchúr.

1 laoch – duine cróga	6 dílis – *loyal*	11 lucht leanúna – *followers*
2 gaiscíoch – duine san arm, duine cróga	7 altrama – *foster*	12 ina choinne – ina aghaidh
3 den scoth – ar fheabhas	8 scoil oiliúna – coláiste traenála	13 ag iomrascáil – *wrestling*
4 baisteadh – tugadh an t-ainm sin air	9 claimhte – *swords*	14 an lámh in uachtar – an bua
5 ríocht – *kingdom*	10 bheartaigh sé – shocraigh sé	15 na gaiscí – *achievements*

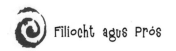

Ar aghaidh le Conchúr agus a chuid laochra go dtí áras Chulainn. Nuair a shroich siad an teach chuir Culann ceist ar Chonchúr an raibh gach duine tagtha. Rinne Conchúr dearmad ar Setanta agus dúirt sé go raibh. Lig Culann a chú fiáin[16] amach chun an teach a chosaint[17]. Níor éirigh le héinne riamh an lámh in uachtar a fháil air. Bhí an cú chomh fiáin sin go raibh ar thriúr laoch greim a fháil ar a thrí shlabhra[18] chun é a smachtú[19].

Thug Setanta a chamán agus a shliotar leis nuair a d'fhág sé an scoil. Bhí sé ag imirt leo ar a thuras go háras Chulainn. Nuair a shroich sé an teach rith an madra ina threo chun ionsaí[20] fíochmhar a dhéanamh air ach fós lean sé ar aghaidh ag imirt. Bhí Culann, Conchúr agus na laochra ag breathnú air seo agus cheap siad go raibh a anáil dheireanach[21] tarraingthe ag Setanta. Nuair a léim an madra ar Setanta bhuail sé an sliotar lena chamán agus bhuail sé an madra sa phus. Thacht[22] an sliotar an cú agus ansin phioc Setanta suas an cú agus chaith sé i gcoinne balla é. D'úsáid sé an méid sin nirt gur mharaigh sé an cú láithreach.

16 a chú fiáin – *his wild hound*
17 a chosaint – *to protect*
18 slabhra – *chain*
19 smachtú – *to control*
20 ionsaí – *attack*
21 anáil dheireanach – *last breath*
22 thacht – *choked*

Nuair a chonaic na laochra é seo bhí a fhios acu go raibh laoch den scoth aimsithe[23] acu. Bhí áthas orthu mar go raibh duine chomh cróga agus chomh láidir leis sa tír agus bhí a fhios acu go mbeadh sé sásta troid ar son Chonchúir. Faraor[24], ní raibh Culann sásta. Bhí a chú fíochmhar marbh agus anois bhí a theach agus a mhuintir fágtha gan chosaint. Chonaic Setanta é seo agus dúirt sé go mbeadh sé sásta a bheith mar chú ag Culann. Bhí sé sásta an teach a chosaint in áit an chú go dtí go mbeadh cú eile chomh fíochmhar céanna leis faighte ag Culann. Dúirt Fearghus Mac Róigh ansin go mbeadh ainm nua ar Setanta agus an t-ainm a bhí air ón oíche sin amach ná Cú Chulainn.

23 aimsithe – faighte
24 faraor – *alas*

Ceisteanna

1 Cén t-ainm a bhí ar Chú Chulainn nuair a bhí sé óg?

2 Cérbh é a athair altrama?

3 Cá ndeachaigh Setanta nuair a bhí sé seacht mbliana d'aois?

4 Cén t-ainm a bhí ar an bhfear a rinne na claimhte in Ulaidh?

5 Cé a bhí ag dul go dtí féasta Chulainn?

6 Cén fáth ar thug Conchúr cuairt ar Setanta?

7 Cén fáth ar bheartaigh Conchúr Setanta a thabhairt go dtí an féasta?

8 Cén fáth nár imigh Setanta le Conchúr?

9 Cad a rinne Culann nuair a dúirt Conchúr go raibh gach duine ag an bhféasta?

10 Cad a rinne an cú nuair a chonaic sé Setanta?

11 Conas a mharaigh Setanta an cú?

12 Cén fáth a raibh áthas ar Chonchúr?

13 Cén fáth a raibh áthas ar Chulann?

14 Cén réiteach a bhí ag Setanta ar an bhfadhb?

15 Cén t-ainm a bhí air ón oíche sin amach?

Conas a fuair Diarmaid an Ball seirce

(Scéal cáiliúil ón bhFiannaíocht)

Sa scéal seo buailimid le roinnt de na carachtair ó na scéalta Fiannaíochta ar nós Fionn féin, Oisín, Diarmaid Ó Duibhne, Conán Maol agus Oscar. Bhíodh a dtréithe féin ag na carachtair seo sa chaoi chéanna is atá ag lucht na sobaldrámaí inniu agus bheifeá ag súil, cuir i gcás, le tagairtí do bhia nó troid agus Conán i gceist sa scéal agus dá mbeadh Diarmaid Ó Duibhne sa scéal bheifeá ag súil le cúrsaí grá – Diarmaid na mBan an leasainm a bhí air.

Sa scéal seo a leanas foghlaimeoidh tú conas a fuair Diarmaid an leasainm seo. Bhíodh cáil air i gcónaí mar gur rogha na mban é agus seo mar a tharla sé.

Bhí na Fianna amuigh uair ag fiach[1] sna sléibhte thart ar Bhaile Átha Cliath nuair a thit ceo tiubh[2] orthu go tapa. Ceo draíochta ab ea an ceo sin agus chuaigh na Fianna ar strae ann. Bhí tuirse an domhain orthu go léir agus bhí Conán ag gearán go raibh ocras air. Ansin tríd an gceo chonaic siad teach mistéireach agus thug siad aghaidh air. Bhí seanthear agus bean óg ina gcónaí sa teach agus cuireadh fáilte is fiche rompu agus cuireadh nua gach bia agus rogha gach dí[3] ar an mbord dóibh. Ar ndóigh bhí áthas an domhain ar Chonán a bhí stiúgtha leis an ocras faoin am seo.

---

1 ag fiach – *hunting*   2 ceo tiubh – *thick mist*   3 nua gach bia agus rogha gach dí –
choice of food and drink

Bhí siad ag ithe agus ag ól agus iad ar a sáimhín só[4] ansin nuair a thug an chaora a
bhí ceangailte den bhalla ruathar[5] faoin mbord. Rinne duine i ndiaidh duine de na
Fianna iarracht ar an gcaora a athcheangal[6] ach cé go mba cheart dóibh a bheith
ábalta é seo a dhéanamh go héasca theip ar gach duine acu,
fiú Fionn féin. D'éirigh leis an seanfhear, áfach, agus ba
mhór an t-ionadh a bhí ar na Fianna nuair a chonaic
siad cé chomh héasca is a bhí sé ar an seanfhear
an chaora a athcheangal den bhalla.

Bhí an bhean óg a d'fhreastail orthu thíos i
mbun an tseomra agus tar éis an bhéile thug
Diarmaid faoi deara í[7] agus chuaigh sé síos
chun cainte léi, ach is é a dúirt sí leis ná go
raibh sí aige uair agus nach mbeadh arís. Chuaigh
gach duine d'arm na Féinne chun cainte léi agus ba é an scéal céanna acu go léir é.
Níor thuig na Fianna cad go díreach a bhí á rá ag an mbean go dtí gur mhínigh an
seanfhear dóibh é. Is é a dúirt sé ná gurbh í an Óige í an bhean óg agus dá bhrí
sin[8] bhí gach duine acu óg uair agus ní bheadh arís; gur sheas an chaora don
neart[9] agus gurbh é féin an Bás agus nach féidir le héinne an lámh in uachtar[10] a
fháil ar an mbás is cuma cé chomh láidir is atá siad.

4	sáimhín só – *at ease*	7	thug Diarmaid faoi deara – *Diarmaid noticed*
5	ruathar – *charge*	8	dá bhrí sin – *therefore*
6	athcheangal – *tie again*		
9	neart – *strength*		
10	an lámh in uachtar – *the upper hand*		

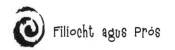 Filíocht agus Prós

Ansin dúirt sé go dtabharfadh an bhean óg achainí[11] amháin dóibh, is é sin, bhí cead acu rud amháin a iarraidh uirthi agus bheadh sé acu. D'iarr Oisín grásta[12] ó Dhia ón mbean; d'iarr Conán marú na gcéadta[13] a bheith aige agus is é a d'iarr Diarmaid uirthi ná ball seirce[14] a bheith aige ionas go dtitfeadh gach bean a leagfadh súil air i ngrá leis. Bhíodh suim thar chuimse ag Diarmaid i gcúrsaí grá. Fuair siad go léir a mian[15] uaithi agus is as sin a fuair Diarmaid a leasainm[16] 'Diarmaid na mBan'.

Thit a gcodladh ar na Fianna ansin agus nuair a dhúisigh siad arís bhí cuma mhistéireach ar an teach, an seanfhear agus an bhean óg imithe agus bhí an ghrian ag taitneamh sa spéir. D'imigh siad ar ais go Baile Átha Cliath agus go Binn Éadair.

Ceisteanna

1 Cá raibh Fionn agus na Fianna ag fiach an lá áirithe sin?

2 Conas a tharla gur chaill siad a slí?

3 Cé a bhí ina gcónaí sa teach mistéireach?

4 Cén gearán a bhí ag Conán?

5 Cén fáth nach raibh siad ábalta an lámh in uachtar a fháil ar an seanfhear?

6 Bhí teachtaireacht ait ag an mbean óg do na Fianna. Cén teachtaireacht í?

7 Cad é an toradh a bhí ar an achainí a fuair Diarmaid ón mbean?

8 Cad dó a sheas an seanfhear agus cad dó a sheas an caora?

9 Cad iad na tréithe ar leith a bhaineann le scéalta Béaloidis atá le feiceáil sa scéal seo?

10 Cén achainí a d'iarrfá féin ar an mbean óg?

11 achainí – wish
12 grásta – grace
13 marú na gcéadta – the killing of hundreds
14 ball seirce – love spot
15 mian – desire
16 leasainm – nickname

Nóra Mharcais Bhig

Pádraic Ó Conaire

(Leagan gearr)

Bhí ionadh ar mhuintir Ros Dhá Loch nuair a chuala siad go raibh Nóra
Mharcais Bhig ag dul go Sasana. Bhí gá[1] le Nóra sa bhaile mar bhí a deirfiúr agus
a beirt deartháireacha tar éis an baile a fhágáil cheana[2].

Ní raibh aon mhaith sna buachaillí. Chuaigh Stiofán isteach san arm Gallda nuair
a chaill sé a phost i siopa i nGaillimh. Ghlan Stiofán leis tar éis dó luach[3] dhá
bhullán a dhíol sé ar aonach[4] Uachtar Aird a ghoid. Bhí athair Nóra buartha[5] faoi na
himeachtaí seo ar fad mar cheap sé go raibh sé náirithe[6] os comhair na gcomharsan[7].
Mar sin bheartaigh sé[8] Nóra a choimeád sa bhaile agus cleamhnas[9] a dhéanamh di.

Bhí sí ina bean bhreá dhathúil agus mar go
raibh daichead acra talún ag Marcas ní
bheadh sé deacair cleamhnas a dhéanamh di.

Bhí cogadh dearg sa teach nuair a chuala
Marcas agus máthair Nóra go raibh sé ar
intinn aici Ros Dhá Loch a fhágáil. Rinne
siad a ndícheall Nóra a choimeád sa bhaile
ach faoi dheireadh thuig siad nach raibh
aon rogha acu agus go raibh Nóra chun dul
go Sasana.

Bhí imní agus buairt[10] ar Nóra le tamall ach
d'éirigh léi dearmad a dhéanamh ar an mbuairt seo nuair a bhí sí á réiteach féin
le dul go Sasana. Tháinig an lá mór agus thiomáin Marcas í go dtí an stáisiún
traenach i mBaile na hInse.

1 gá – *need*	5 buartha – *worried*	9 cleamhnas – *arranged marriage*
2 cheana – *before*	6 náirithe – *shamed*	10 imní agus buairt – *worry and fear*
3 luach – *value*	7 na comharsana – *neighbours*	
4 aonach – *fair*	8 bheartaigh sé – *he decided*	

Ar fágáil Ros Dhá Loch di bhí Nóra ag smaoineamh ar an lá mí-ámharach[11] úd nuair a bhuail sí le mac Sheáin Mhaitiú agus é ar laethanta saoire san áit. Drochbhuachaill a bhí ann dar le muintir an bhaile. Bhí fuath anois ag Nóra don fhear óg galánta a bhí ag freastal ar choláiste i nGlaschú le bheith ina dhochtúir. Bhí uirthi Ros Dhá Loch a fhágáil mar gheall ar an gcion a bhí aici air. Gheall sé a lán rudaí di agus dúirt sé léi gurbh í an cailín ba dheise ar domhan í. Chreideadh sise gach a ndeireadh sé ach dhéanadh seisean dearmad uirthi nuair a bhíodh sé imithe ón áit. Chuir sí litreacha chuige ach fuair sí ar ais iad agus ní raibh a fhios aici cá raibh sé anois. Dar léi bhí sí féin agus a muintir náirithe os comhair an phobail go léir. Bheartaigh sí ar dhul go Londain agus bhí sí chun bualadh le Cáit Ní Roighin, cailín a bhíodh ar aimsir aici sa bhaile. D'fhág Marcas slán léi agus chuaigh sé abhaile croíbhriste.

Bhí Nóra buartha faoin saol a bhí roimpi agus bhí eagla agus ionadh uirthi ar an aistear. Agus í ar a slí go Sasana tháinig na smaointe dubha gruama[12] ar ais chuici. Níor thuig sí an saol go dtí an lá sin nuair a bhuail sí le Cáit i Londain.

Chuaigh Nóra agus Cáit chun cónaithe i gcúlsráid shuarach ghránna[13]. Bhí siad ina gcónaí i dteach mór millteach in éineacht le níos mó ná céad duine eile idir fhir, mhná agus pháistí. Bhíodh Nóra léi féin i rith an lae nuair a bhí Cáit amuigh ag obair. Bhíodh Nóra ina suí in aice na fuinneoige ag smaoineamh ar a saol go dtí seo. Bhí sí buartha go mór faoi cad a déarfadh a hathair dá mbeadh a fhios aige cén fáth ar fhág sí Ros Dhá Loch. Oíche amháin tháinig Cáit abhaile agus dúirt sí go raibh post faighte aici do Nóra mar chailín aimsire[14] le bean uasal. Dúirt Nóra go raibh sí sásta an post a thógáil.

Thosaigh Nóra ag obair agus rinne sí dearmad ar a cuid fadhbanna. Chuireadh sí litreacha abhaile go minic agus síntiús[15] beag iontu i gcónaí. Chuireadh a hathair litreacha ar ais chuici agus nuacht an bhaile iontu. Bhí Nóra breá sásta ach ní raibh an bhean tí sásta léi agus bhí uirthi an teach a fhágáil. Ní raibh dídean ná airgead aici. Bhuail sí le 'fear uasal galánta'[16] a thug bia agus deoch agus airgead di. Níorbh fhada gur thosaigh sí ag ól. Bhí sí ag dul i ndonas ó lá go lá go dtí nach raibh inti ach bean sráide[17].

Chaith sí naoi mbliana ag ól agus ag ragairne[18] ach ní dhéanadh sí dearmad riamh litir a sheoladh abhaile agus síntiús beag airgid inti. Rinne sí iarracht

11 an lá mí-ámharach – *the unlucky day*	13 cúlsráid shuarach ghránna – *miserable backstreet*	15 síntiús – *donation*
12 na smaointe dubha gruama – *the dark depressing thoughts*	14 cailín aimsire – *servant*	16 "fear uasal galánta" – *a 'fancy' man*
		17 bean sráide – *prostitute*
		18 ag ragairne – *revelling*

dearmad a dhéanamh ar an saol a bhíodh aici i Ros Dhá Loch. Nuair a thosaíodh sí ag smaoineamh ar an mbaile théadh sí amach ag ól.

Oíche amháin bhí sí ag fanacht taobh amuigh d'amharclann. Go tobann chonaic sí mac Sheáin Mhaitiú. Chas sí ar a cois láithreach. Lean seisean í. Bhí faitíos[19] an domhain uirthi go mbéarfadh an fear a mheall[20] í uirthi agus rith sí isteach i séipéal chun éalú uaidh. Thosaigh sí ag guí[21] agus í ag gol. Chuala seansagart í agus d'inis sí a scéal dó. Dúirt Nóra go mbeadh sí sásta dul ar ais go Ros Dhá Loch agus chabhraigh sé léi é sin a dhéanamh.

Bhí gach duine i Ros Dhá Loch ag súil le Nóra. Bhí Marcas ag fanacht léi ag port na traenach agus é an-bhródúil[22] mar cheap na comharsana go léir gur éirigh go han-mhaith le Nóra i Londain. Chuir sí an méid sin airgid abhaile gur éirigh le Marcas bád iascaireachta a cheannach. Chuaigh Nóra abhaile leis ach an oíche sin nuair a bhuail muintir an bhaile isteach chun fáilte a chur roimpi ní fhaca siad í. Bhí Nóra siar ina seomra agus í ag guí, ag impí ar Dhia cabhrú léi agus an saol a chur ina cheart arís di.

Bhí beirt bhan inti anois – an bhean gan mhaith a bhí inti i Sasana agus an bhean a bhí inti sular fhág sí Ros Dhá Loch. Bhí sé ina shíorchomhrac[23] eatarthu. Nuair a bhíodh an bhean gan mhaith ag fáil an lámh in uachtar[24] théadh sí go dtí an séipéal agus bhíodh na comharsana ag rá go raibh sí an-chráifeach[25].

Lá amháin bhí aonach[26] ar siúl in aice le Ros Dhá Loch. Chuaigh Nóra ann agus í gléasta go breá. Lá meirbh brothallach a bhí ann agus bhí sí an-sásta léi féin. Chuala sí veidhleadóir ag seinm agus é ina shuí ag doras cábáin. Chuaigh Nóra isteach agus shuigh sí síos ag éisteacht leis. Bhí an comhrac ar siúl arís mar bhí sí ag iarraidh deoch a ól. Bhí sí ar tí imeacht nuair a thug fear óg cuireadh di deoch a ól leis. Ghlac Nóra

---

19 faitíos – *fear*
20 mheall – *seduced*
21 ag guí – *praying*

22 an-bhródúil – *extremely proud*
23 síorchomhrac – *constant battle*
24 an lámh in uachtar – *the upper hand*

25 an-chráifeach – *very holy*
26 aonach – *fair*

leis an gcuireadh ach ansin d'ól sí an dara ceann agus an tríú ceann. Níorbh fhada go raibh sí ar meisce[27]. Thosaigh sí ag damhsa ach bhí uirthi éirí as mar bhí sí caochta[28]. Tháinig Marcas uirthi níos déanaí san oíche agus í caite cois claí. Chuir sé isteach sa chairt í agus thug sé abhaile í.

An mhaidin ina dhiaidh sin thug Marcas ar ais go port na traenach í. 'Más iad sin na béasa a d'fhoghlaim tú i Sasana is ann a chaitheas tú á gcleachtadh,' a dúirt sé. Ansin d'fhág sé slán aici. An oíche sin chuaigh sé go cé Ros Dhá Loch le soitheach tarra[29]. Mhill sé[30] an t-ainm a bhí ar an mbád – ainm a iníne.

Ceisteanna

1 Cén fáth a ndúirt muintir Ros Dhá Loch go raibh Mártan agus Stiofán 'gan mhaith'?

2 Cad a bheartaigh Marcas a dhéanamh maidir le Nóra?

3 Cén fáth a raibh 'cogadh dearg' sa teach?

4 Cén bhaint a bhí ag Nóra le mac Sheáin Mhaitiú?

5 Cá raibh Nóra ag dul?

6 Cén fáth ar cheap sí go raibh uirthi Ros Dhá Loch a fhágáil?

7 Cé a bhuail léi i Londain?

8 Déan cur síos ar shaol Nóra agus í ina cónaí le Cáit.

9 Cén fáth ar chaill sí a post?

10 Cé a casadh uirthi agus í gan dídean?

11 Déan cur síos ar an saol a bhí aici nuair a chuaigh sí i ndonas.

12 Cad a tharla nuair a chonaic sí mac Sheáin Mhaitiú arís?

13 Cad a cheannaigh Marcas leis an airgead a chuir sí abhaile?

14 Cé hiad an 'bheirt bhan' a bhí inti nuair a tháinig sí abhaile?

15 Cad a tharla ag an aonach?

16 Cad a rinne Marcas ansin?

17 Cad a rinne Marcas leis an mbád an oíche sin?

27 ar meisce – *drunk*
28 caochta – *drunk*
29 soitheach tarra – *a dish of tar*
30 mhill sé – *he destroyed*

An Gnáthrud

Deirdre Ní Ghrianna

Bhí pictiúirí gan fhuaim ag teacht ón teilifís i gcoirnéal an tseomra sa bheár seo i mBéal Feirste, a bhí lán ó chúl go doras. D'amharc Jimmy ar na teidil[1] a bhí ag teacht agus ag imeacht ón scannán roimh Nuacht a naoi a chlog. Bhain sé suimín[2] beag as an phionta leann dubh[3] a bhí roimhe agus smaointigh sé ar an léirscrios[4] a bheadh ina dhiaidh sa bhaile.

Bheadh Sarah, a bhean chéile, ag streachailt[5] go cruaidh ag iarraidh na páistí a chur a luí. Chuirfeadh John, an duine ba shine acu, gasúr cruaidh cadránta, i gceann a cheithre mblian, chuirfeadh sé ina héadan go deireadh, cé go mbeadh fáinní dearga fá na súile aige ar mhéad is a chuimil sé[6] leis an tuirse iad. Ach ní raibh amhras[7] ar bith ar Jimmy cé aige a mbeadh buaidh na bruíne. Dá ndearcadh sé ar an am a chuaigh thart déarfadh geallghlacadóir[8] ar bith go mbeadh an bhuaidh[9] le Sarah arís eile.

Mhothaigh Jimmy i gcónaí ciontach[10] nuair a chuaigh sé a dh'ól lena chomrádaí tráthnóna Dé hAoine nuair a bheadh obair na seachtaine déanta acu; agus ba mhíle ba mheasa é ó tháinig an cúpla ar an tsaol sé mhí ó shin. Bhí a choinsias[11] ag cur isteach chomh mór sin air is nach raibh pléisiúr dá laghad aige san oilithreacht sheachtainiúil go tobar Bhacais lena chomrádaithe.

Chan ea gur fear mór ólacháin a bhí riamh ann; níorbh ea. Gan fiú a chairde féin nach dtug 'fear ólta sú' air ar mhéad is a chloígh sé leis an mheasarthacht[12] i ngnóithe ólacháin. Ach leis an fhírinne a dhéanamh bhí oiread dúile sa chraic agus sa chuideachta aige is a bhí aige i gcaitheamh siar piontaí. Ar ndóighe, ní ligfeadh an bród di a bheith ar a athrach de dhóigh[13] nó níor lú uirthi an diabhal ná a chairde ag rá go raibh sé faoi chrann smola[14] aici.

Mar sin de, bhí a fhios ag Jimmy nár bheo dó a bheo dá dtigeadh sé chun an bhaile roimh a deich a chlog, nó dá ndéanadh bhéarfadh Sarah a sháith dó. Bhí sé

1 teidil – *titles*	6 chuimil sé – *he rubbed*	11 coinsias – *conscience*
2 súimín – *sip*	7 amhras – *doubt*	12 measarthacht – *moderation*
3 leann dubh – *porter*	8 geallghlacadóir – *bookie*	13 ar a athrach de dhóigh – *otherwise*
4 léirscrios – *devastation*	9 bua – *victory*	14 faoi chrann smola – *cursed*
5 ag streachailt – *struggling*	10 liontach – *guilty*	

oibrithe amach ina intinn aige go raibh am aige le cur eile a chur ar clár agus ansin go dtiocfadh leis slán a fhágáil ag an chuideachta agus a bhealach a dhéanamh fad leis an *Jasmine Palace*, áit a dtiocfadh leis *curry* a fháil dó féin agus *chop suey* do Sarah – cuid eile de dheasghnátha[15] na hAoine.

'Anois a fheara, an rud céanna arís?'

'Beidh ceann beag agam an t-am seo, mura miste leat, a Jimmy.'

Tháinig aoibh ar bhéal Jimmy agus chlaon sé a cheann mar fhreagra. Bhí a fhios aige go mbeadh Billy sa bheár go gcaithfí amach é nó bhí a bhean ar shiúl go Sasain a dh'amharc ar an ua ba dheireannaí dá gcuid. Ar ndóighe bhí Billy ag ceiliúradh[16] an linbh úir i rith na seachtaine. Tháinig an *gaffer* air le casaoid[17] chruaidh fán dóigh a raibh sé ag leagan na mbrící. B'éigean do Jimmy tarrtháil[18] a thabhairt air agus a geallstan do *gaffer* go gcoinníodh sé ag gabháil mar ba cheart é.

Rinne Jimmy cuntas ina intinn ar an deoch a bhí le fáil aige agus tharraing sé ar an bheár. Bhí Micí, an freastalaí, ansin roimhe agus é ag éisteacht leis na pótairí[19] a bhí ina suí ag an bheár, má mb'fhíor dó. Chonacthas do Jimmy go raibh na pótairí céanna seo greamaithe do na stóltaí. D'aithin sé na h-aghaidheanna uilig agus thug sé fá dear go suíodh achan mhac máthara acu ar an stól chéanna gan teip. Chuaigh sé a smaointiú ar an tsaol a chaithfeadh a bheith acu sa bhaile; ní raibh a fhios aige cad é mar a thiocfadh leo suí ansin uair i ndiaidh uaire is gan scrupall coinsiasa ar bith orthu.

Níor thuig Jimmy cad chuige nach raibh na fir seo ag iarraidh gabháil chun an bhaile. B'fhéidir gurbh airsean a bhí an t-ádh. Bhí Sarah agus na páistí aige; bhí agus teach deas seascair. Ina dhiaidh sin ní raibh an teach chomh maith sin nuair a cheannaigh siad é; ceithre míle punta a thug siad don *Housing Executive* ar son ballóige[20], féadaim a rá, a raibh brící sna fuinneoga ann. Bhain sé bunús bliana as deis a chur ar a theach, ag obair ag deireadh na seachtaine agus achan oíche, amach ó oíche Aoine, ar ndóighe. Ach ba í Sarah a rinne baile de, na cúirtiní a rinne sí as fuílleach éadaigh a cheannaigh sí ag aonach na hAoine nó na cathaoireacha nach dtug sí ach deich bpunta orthu i *jumble* agus ar chuir sí snas úr orthu. Ní raibh aon seomra sa teach nár chóirigh sí go raibh siad cosúil leis na pictiúirí ar na h-irisí loinnireacha[21] ardnósacha. Anois, agus é ag fanacht lena

15 deasghnátha – *rituals*	18 tarrtháil – *rescue*	21 loinnireach – *glossy*
16 ag ceiliúradh – *celebrating*	19 pótairí – *drinkers*	
17 casaoid – *complaint*	20 ballóg – *ruin*	

sheal ag an bheár, b'fhada[22] le Jimmy go dtagadh oíche Shathairn nuair a bheadh sé féin agus Sarah ábalta teannadh lena chéile ar an tolg ag amharc ar *video* agus buidéal beag fíona acu.

'Seacht bpionta Guinness agus ceann beag, le do thoil, a Mhicí.'

'Cad é mar atá na girseacha beaga, a Jimmy? Is dóiche nach bhfuil tú ag fáil mórán codlata ar an aimsir seo ...'

'Gabh mo leithscéal, a Mhicí, déan sé phionta agus ceann beag de sin, mura miste leat.'

Thug caint Mhicí mothú ciontach chun tosaigh in intinn Jimmy, cé gur mhaith a bhí a fhios aige gurbh iad Elizabeth agus Margaret na páistí ab fhearr a cuireadh chun an tsaoil riamh. Anois b'fhada le Jimmy go dtógadh sé iad, duine ar achan láimh, agus go dteannadh sé lena chroí iad agus go dtéadh sé a cheol daofa agus éisteach leofa ag plobaireacht.

Chuir Micí dhá iosaid fána lán gloiní ar an chabhantar agus thug Jimmy chun tábla fá dheifre iad. Chaith sé siar deireadh a phionta, d'fhág sé slán ag an chuideachta agus rinne a bhealach a fhad le bia-theach na Síneach.

Amuigh ar an tsráid agus ceo na Samhna thart air, ní raibh in Jimmy ach duine gan ainm. Thiontaigh sé aníos coiléar a chasóige agus shiúil na cúpla céad slat a thug a fhad leis an *Jasmine Palace* é. Istigh ansin bhí an t-aer trom le boladh spíosraí[23] agus teas bealaithe. Bhí triúr nó ceathrar de dhéagóirí istigh roimhe agus iad ar meisce ar fíon úll. Bhí a n-aird ar an bhiachlár ghealbhuí fána lán mílitriú agus bhí siad ag cur is ag cúiteamh[24] eatartha féin fá cad é a cheannódh siad ar na pingneacha a bhí fágtha acu.

Bhí Liz, mar a thug achan chustaiméir uirthi, ag freastal – girseach scór mblian, í díomhaoin[25], cé go raibh níon bheag ceithre mblian aici, rud a d'inis sí do Jimmy i modh rúin.

'An gnáthrud, a Jimmy? Tá tú rud beag luath anocht, nach bhfuil?'

'Tá nó ba mhaith liom gabháil chun an bhaile go bhfeice mé cad é mar atá na páistí.'

---

22 b'fhada leis – *he longed for*
23 spíosraí – *spices*
24 ag cur is ag cúiteamh – *debating*
25 díomhain – *unmarried*

'Níl mórán de do mhacasamhail[26] ag gabháil ar an aimsir seo. Bunús[27] na bhfear, ní bhíonn ag cur buartha orthu ach iad féin agus na cairde agus a gcuid piontaí.'

Tháinig an deargnáire[28] ar Jimmy. Ní raibh lá rúin aige an tseanchuimhne nimhneach sin a mhúscladh i gceann Liz – an stócach a bhí seal i ngrá léi agus a d'fhág ina dhiaidh sin í nuair a theann an saol go cruaidh orthu. Bhí tost míshuaimhneach eatarthu agus bhí Jimmy sásta nuair a tháinig duine de na stócaigh óga chuige ag iarraidh mionairgead briste[29] ar bith a bheadh fá na pócaí aige. Hug Jimmy traidhfil airgid rua agus boinn chúig bpingine dó. Rinne sé gnúsachtach[30] mar bhuíochas, phill ar a chairde agus d'fhógair daofa go raibh a sáith airgid anois acu le h-iasc agus sceallóga a cheannach, agus tobán beag *curry* lena chois.

Rinne Jimmy staidéar ar na stocaigh seo. Shílfeadh duine gur bhaill iad de chumann rúnda inteacht ina raibh sé de dhualgas ar gach ball beannú dá chéile sa chuid ba ghairbhe de chaint ghraosta[31], ghraifleach[32], ghnéasach na Sacsanach. D'fhéach Jimmy lena chluasa a dhruidim in éadan na tuile seo. Ach, ar ndóighe, ní féidir an rabharta a chosc.

Rinneadh foscladh ar an chomhla bheag sa bhalla ar chúl an chabhantair, agus cuireadh mála bídh agus ticéad amach. Thiontaigh Liz a súile ó na stocaigh gharbha a bhí ag diurnú buidéal an *Olde English*.

'Seo dhuit, a Jimmy, oíche mhaith agus slán abhaile.'

Chlaon Jimmy a cheann mar fhreagra, thóg an mála donn agus d'fhoscail[33] doras trom na sráide. Chonacthas dó gur éirigh an oíche iontach fuar. Chuir sé mála an bhídh taobh istigh dhá chasóg in aice lena chliabhrach leis an teas a choinneáil ann, cé nach raibh i bhfad le siúl aige.

Chuaigh sé a smaointiú ar an chraos tine[34] a bheadh sa teallach roimhe, agus ar an dá phláta agus and dá fhorc a bheadh réidh ag Sarah agus í ag súil leis chun an bhaile. Ba mhian leis luí aici agus inse díthe cad é chomh sona sásta is a bhí sé le linn iad a bheith ag a chéile.

26	do mhacasamhail – *the likes of you*	29	mionairgead briste – *small change*	32	caint graifeach – *coarse language*
27	bunús – *the majority*	30	gnúsachtach – *grunt*	33	foscladh – *opening*
28	deargnáire – *huge embarrassment*	31	caint ghraosta – *obscene language*	34	craos tine – *roaring fire*

Chonaic sé ina intinn í, fána gruaig chatach bhán. Chóir a bheith go dtiocfadh leis a boladh a chur, ach a Dhia, chomh mór agus ba mhaith leis a lámha a chur thart uirthi agus luí aici.

Caillte ina smaointe féin, ní raibh a fhios ag Jimmy cad é bhí ag gabháil ar aghaidh thart air. Ní chuala sé an carr gan solas a bhí ag tarraigt air go fadálach[35] as dorchadas na hoíche. Ní fhaca sé splanc solais, ach ar an tsaol seo dairíre, scaoil stócach a raibh caint ní ba ghraiflí aige ná an mhuintir a bhí sa teach iteacháin, scaoil sé urchar[36] a shíob leath na cloigne de Jimmy agus a d'fhág ina luí ar an tsráid reoite é. Bhí an fhuil ag púscadh[37] ar an talamh fhuar liath agus ag meascadh lena raibh sna boscaí *aluminium*.

Ceisteanna

1 Cá raibh Jimmy an oíche seo?

2 Déan cur síos ar a chlann.

3 Cén fáth go dtéadh Jimmy ag ól gach tráthnóna Aoine?

4 Cérbh iad deasghnátha na hAoine?

5 Déan cur síos ar an teach a cheannaigh siad agus cad a rinne siad leis.

6 Déan cur síos ar Liz.

7 Cén fáth go raibh tost mí-shuaimhneach idir Liz agus Jimmy?

8 Déan cur síos ar na stocaigh a bhí sa bhiatheach Síneach.

9 Cén fáth go raibh Jimmy ag súil le bheith sa bhaile?

10 Cad a tharla do Jimmy agus é ar a shlí abhaile?

11 Cén fáth ar tharla sé seo dar leat?

12 Cén fáth ar tugadh an teideal *An Gnáthrud* ar an scéal seo?

---

35 go fádálach – *slowly*
36 scaoil sé urchar – *he fired a shot*
37 ag púscadh – *oozing*

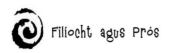
Filíocht

Mar a dúramar cheana bhíodh an-tóir ag muintir na hÉireann ar an bhfilíocht. Cuimhnigh anois ar na Bardscoileanna agus ar an gcumhacht a bhíodh ag na filí in Éirinn fadó. Fiú sa lá atá inniu ann tá cáil as cuimse ar Éireannaigh mar gheall ar a gcuid filíochta. San Aonad seo tá cúpla sampla den fhilíocht duit, cinn nua-aimseartha agus cinn a thagann chugainn ón tseanaimsir. Déan staidéar orthu agus bain sult astu!

Saoirse

Maidhc Dainín Ó Sé

[1] *plentiful*	Tincéirí i gcampa ar thaobh bóthair A dteaghlach fairsing[1] aerúil, An ghealach mar lampa san oíche Mar sholas go geal ag soilsiú.
[2] *energy* [3] *lowlands* [4] *stiff,* [5] *healthy*	Leanaí le fuinneamh[2] na gaoithe Ag rith le sláinte 'na gcnámha Tré ardáin is ísleáin[3] ár dtíre A gcraiceann righin[4] is folláin5.
[6] *bend* [7] *echo*	Tine ag lúibín[6] an bhóthair Suite mórthimpeall 'na slua Ag canadh i gcaint an tincéara Macalla[7] binn ceolmhar na nduan
[8] *harbour* [9] *enticing,* [10] *desire*	Scéalta ar thaisteal na hÉireann Gach sráidbhaile, cathair is cuan[8] Na cailíní óga tincéara Ag mealladh[9] a n-ógfhear le dúil[10].
[11] *around*	Grian na maidine ag rince, Taisteal chun bóthair go luath Capall, cart agus sáspain Le cloisint sna bailte máguaird[11].

84

12 *worry*	Nárbh aoibhinn saor aerach mar shaol é
	Ag taisteal gan mhairg[12] gan bhuairt,
	Tá deireadh go deo leis an ré sin
13 *independence*	Saoirse 's neamhspleáchas[13] lucht siúil.

Is dán simplí é seo ina léirítear dearcadh an fhile ar an lucht siúil agus an saghas saoil a bhíodh acu fadó. An gceapann tú go bhfuil éad air agus é ag caint faoin saoirse a bhíodh acu? An dóigh leat go bhfuil an saol céanna ag an lucht siúil sa lá atá inniu ann? An gceapann tú go raibh an sórt sin saoil acu riamh nó an dearcadh rómánsúil atá ag an bhfile sa dán seo? Déan plé ar na nithe seo sa rang.

Ceisteanna

1 Cá raibh na tincéirí seo ina gcónaí?

2 Cad a bhí acu in ionad lampa?

3 An raibh na páistí folláin?

4 Cén teanga a bhí á labhairt acu?

5 Cad a bhí ar siúl ag na cailíní?

6 Cén t-am den lá a n-éiríonn na tincéirí?

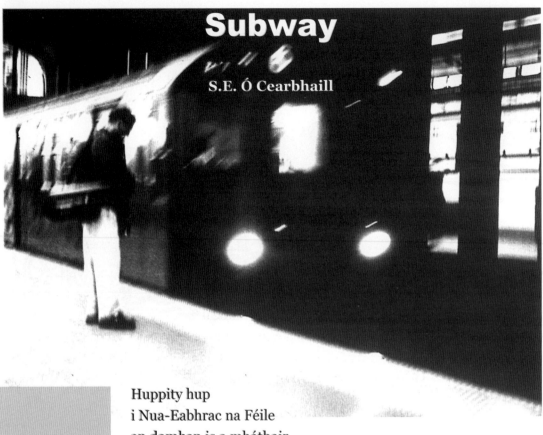

Subway

S.E. Ó Cearbhaill

Huppity hup
i Nua-Eabhrac na Féile
an domhan is a mháthair
ag imeacht le chéile
i subway dúnta, dubh, gan aird
sairdíní brúite i gcannaí stáin

¹ *together*

ag seoladh in éindí¹ thíos faoin tsráid;
is na daoine thuas ag déanamh gnó

² *funeral*

i ngan fhios do shochraid² na ndaoine beo
thíos go domhain faoi chraiceann an talaimh
ina mílte 's ina mílte ag filleadh abhaile:
daoine dubha is daoine buí
daoine bána is roinnt leath slí
daoine ina seasamh, daoine ina suí

³ *everything*
⁴ *pole*

i ngreim le greim ar chuile ní³
ar pholla ar bhinse ar ingearán⁴
ar mhála ar chóta ar a gcuid nuachtán
nár léadh fós go hiomlán
daoine ag stánadh i ngach uile threo

5 *cheek*

6 *can opener*

7 *difficulty*

ar fhógraí ar bhalla ar ghraifítí beo

brúite le chéile, grua[5] le grua

is is foscailteoir canna[6] gach stáisiún

scaoiltear na mílte amach le dua[7]

is líontar arís an canna le slua.

Seo iad na daoine, ina mílte 's ina mílte

Ag filleadh gan focal ar theach is ar mhuintir

Ag filleadh abhaile i ndeireadh an lae

is ag smaoineamh an bhfuilid in am don tae.

Dán simplí go leor é seo ach tá smaointe doimhne ann freisin. Féach ar struchtúr an dáin, na línte gearra agus iad ag 'brostú' ó líne go líne. An gceapann tú go n-oireann siad d'ábhar an dáin? Bhain an file úsáid as an bhfocal 'mílte' cúpla uair sa dán. An gceapann tú gur d'aon ghnó é seo? Gan dabht chruthaigh an file atmaisféar fuadrach sa dán leis na focail agus an rithim a roghnaigh sé. Cad iad na focail seo dar leat? Ar thaitin an dán leat? Abair cén fáth. Déan plé air sa rang.

Ceisteanna

1 Cén chathair ina bhfuil an dán seo suite?

2 Dar leis an bhfile tá na daoine sa traein cosúil le héisc. Cén sórt éisc?

3 Cá dtéann an traein seo?

4 Luaigh trí shórt daoine atá le feiceáil ar an traein.

5 Cad a bhíonn acu ar an traein?

6 Cén fáth a nglaonn an file 'foscailteoir canna' ar na stáisiúin?

7 An mbíonn na daoine ag caint le chéile ar an traein?

8 Cá bhfuil na daoine seo ag dul?

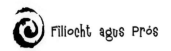

Máirín de Barra

Ní fios cé a chum

[1] *you've ruined my mind*	A Mháirín de Barra, do mhairbh tú m'intinn[1]
[2] *miserable*	Is d'fhág tú beo dealbh[2] mé gan fhios do mo mhuintir;
	Ar mo luí dhom ar mo leabaidh is ortsa bhím ag cuimhneamh
[3] *you've deceived*	's ar m'éirí dhom ar maidin, mar do chealg tú[3] an croí ionam.
[4] *love*	Do thugas 's do thugas 's do thugas óm chroí gean[4] duit
[5] *Candlemas*	Ar maidin lae l' Muire na gCoinneal[5] sa teampall
[6] *greener,* [7] *dew on the corn*	Do shúilín ba ghlaise[6] ná uisce na ngeamhartha[7]
[8] *sweeter,* [9] *starling,* [10] *sings*	's do bhéilín ba bhinne[8] ná an druid[9] nuair a labhrann[10].
[11] *to entice you,* [12] *words*	Do shíl mé tú a mhealladh[11] le briathra[12] 's le póga,
[13] *oaths,* [14] *vows*	Do shíl mé tú a mhealladh le leabhartha[13] 's le móide[14],
[15] *beginning of autumn*	Do shíl mé tú a mhealladh ar bhreacadh na heornan[15]
[16] *brokenhearted,*	Ach d'fhág tú dubhach dealbh[16] ar theacht don mbliain nó[17] mé.
[17] *the New Year*	
[18] *isn't it well for*	Is aoibhinn[18] don talamh a siúlann tú féin air
	Is aoibhinn don talamh nuair a sheinneann tú véarsa,
	Is aoibhinn don leabaidh nuair a luíonn tú fé éadach
[19] *wife*	's is ró-aoibhinn don bhfear a gheobhaidh tú mar chéile[19].
	Do shiúlóinn is do shiúlóinn 's do shiúlóinn an saol leat
[20] *abroad,* [21] *dowry*	Do rachainn thar sáile[20] gan dhá phingin spré[21] leat
[22] *it will never end*	Do thug mo chroí grá dhuit go brách brách ná tréigfidh[22]
	's go dtógfá ón mbás mé ach a rá gur leat féin mé.
[23] *advice,* [24] *don't be led astray*	A Mháirín, ghlac mo chomhairle[23] 's ná seoltar tú ar t'aimhleas;[24]
[25] *avoid the no-good hunter*	Seachain an stróinse, fear séidte na hadhairce[25]
[26] *accept*	Gaibh[26] leis an ógfhear a nglaonn siad Ó Floinn air–
[27] *resolved love,* [28] *wish*	Pós é de ghrá réitigh[27], ós é 's toil[28] le do mhuintir.

Is dán é seo ón 18ú haois, amhrán grá de chuid na ngnáthdhaoine, seachas an file gairimiúil. Níl a fhios againn anois cé a scríobh é ach is léir go raibh sé dúnta i ngrá le Máirín de Barra. Cé gur scríobhadh é dhá chéad bliain ó shin tá an Ghaeilge ann simplí go leor agus is féidir linn fós í a thuiscint. Tabhair faoi deara an t-athrá sa dán. Úsáidtear an t-athrá go fairsing chun béim a leagan ar mhothúcháin an fhile. An gceapann tú go n-úsáidtear é i slí éifeachtach nó an bhfuil sé leadránach? An bhfuil aon amhrán grá nua-aimseartha ar aon dul leis an gceann seo ó thaobh mothúcháin de? Déan plé sa rang ar na rudaí seo.

Tá leagan den amhrán seo ag an amhránaí Nioclás Tóibín. B'fhiú go mór teacht air agus éisteacht leis.

Ceisteanna

1   Cén sórt dáin é seo?

2   Baintear úsáid as an dúlra chun cur síos a dhéanamh ar an gcailín. Tabhair samplaí ón dán chun é seo a léiriú.

3   Baintear úsáid éifeachtach as athrá sa dán seo. Cá bhfuil an t-athrá seo?

4   Féach ar an véarsa deireanach. An gceapann tú go bhfuil difríocht éigin ag baint léi? Cén fáth? An mbaineann sé den dán?

5   Is grá éagmaiseach é an grá sa dán seo. Cá bhfios duit?

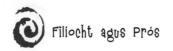

Drámaíocht

Deirdre agus Naoise

Máire Uí Cheallaigh

Páirteach	6 buachaillí, 3 cailíní, scéalaí + slua breise laochra, giollaí srl.
Suíomh	Seanscéal Chlann Uisnigh atá cóirithe do dhaoine óga. Is féidir fad a chur leis an dráma tríd an bhfleá ag an tús agus an troid ag an deireadh a leathnú.
AM	35 nóiméad.

Radharc 1

Fleá ar siúl. Ceol tradisiúnta bríomhar.

Cainteoir	Bhí fleá ar siúl i dteach Fhéilimí. Tháinig Conchúr mac Neasa agus a mhuintir chuig an bhféasta. Bhí Cathbhadh, an draoi, i láthair freisin. Go tobann chualathas naíonán ag caoineadh.
	Tagann banaltra isteach, leanbh ina baclainn aici.
Banaltra	Seo chugat do leanbh iníon, a Fhéilimí.
Féilimí	Iníon! Iníon domsa! Ó nach bhfuil sí fíor-dhathúil! Nach bhfuil sí go hálainn ar fad!
Conchúr	Comhghairdeas, a Fhéilimí!
Le chéile	Comhghairdeas, a Fhéilimí!
	Bualadh bos.
Conchúr	Beidh cáil mhór ar an gcailín seo. Nach bhfuil sé sin fíor, a Chathbhaidh? A Chathbhaidh, an bhfuil tú ag éisteacht? Céard 'tá ort?
Fear	Tá rud éigin ag cur isteach air. Tá dath an bháis air.
Cathbhaidh	Is fíor go bhfuil an leanbh nuabheirthe dathúil agus is cinnte nach mbeidh bean eile in Éirinn a sharóidh í in áilleacht, ach tá eagla mhór orm go dtiocfaidh dochar uafásach do chúige Uladh mar gheall ar an áilleacht sin. Beidh cathanna agus cogaí ann agus doirtfear mórán fola de bharr iníon Fhéilimí.
Laochra	Maróimid láithreach í. Ag tarraingt claimhte.
Féilimí	Ó a Rí, a chara, ná lig dóibh é sin a dhéanamh. Guím thú m'iníon a chosaint.

Conchúr	Ní chuirfidh sibh an leanbh chun báis. Tógfaidh mé féin í. Cuirfidh mé faoi chúram buime í go mbeidh sí ina cailín óg. Ansin tógfaidh mé chugam féin í mar bhean chéile.
Féilimí	Tá mé an-bhuíoch díot, a Chonchúir. Agus anois caithfimid í a ainmniú. Bhuel, a Chaithbhaidh, cad é do thuairim?
Cathbhaidh	Glaofaimid 'Deirdre' uirthi.
Le chéile	Deirdre, an spéirbhean. Deirdre go deo!
Feilimí	Agus anois, a Dheirdre, a mhuirnín, tabharfaidh mé isteach chuig do mháthair thú.

Radharc 2

Deirdre in aois a seacht déag, in éineacht lena buime, Leabharcham. Deirdre ag feachaint amach an fhuinneog, Leabharcham ag fuáil.

Deirdre	Tá sé ag cur sneachta go trom, a Leabharchaim, agus tá brat bán ar an talamh. Is aoibhinn an radharc é.
Leabharcham	Is fíor sin ach tá an aimsir an-chrua.
Deirdre	Táim tuirseach de bheith istigh na laethanta seo. Tá sé an-uaigneach anseo. B'fhearr liom bheith amuigh faoin aer úr folláin, ag siúl ar bhruach na habhann nó ag éisteacht le ceol an tsrutháin ag imeacht le fána. A Leabharchaim, cathain a scaoilfear as an áit seo mé? Tá mé seacht mbliana déag anois. Is duine fásta mé.
Leabharcham	Bíodh foighne agat, a thaisce. Tiocfaidh do lá. Táim cinnte.
Deirdre	(*Ag dul go dtí an fhuinneog arís*) Cad tá ar siúl amuigh, a Leabharchaim? Feach!
Leabharcham	*Ag dul go dtí an fhuinneog.* Ó tá siad ag marú lao.
Deirdre	Laoi! Cad chuige?
Leabharcham	Le haghaidh an fhéasta, oíche amárach.
Deirdre	An lao bocht! Tá an fhuil dhearg á doirteadh ar an sneachta bán. Ó anois feicim fiach dubh ag tuirlingt. Tá sé ag ól na fola.
Leabharcham	Tá trí dhath le feiceáil, gile an tsneachta, deirge na fola agus duibhe an fhiaigh.
Deirdre	Sea, go deimhin. A Leabharchaim, táim ag smaoineamh.
Leabharcham	Sea? (*Ag dul ar ais go dtí a suíochán, mar a raibh sí ag fuáil.*)
Deirdre	Ba mhian liomsa fear a phósadh a mbeadh na trí dhath sin air. Is é

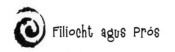

sin, bheadh a chraiceann chomh bán leis an sneachta, a ghrua chomh dearg le fuil agus a chuid gruaige chomh dubh leis an bhfiach. Ach is dócha nach bhfuil fear mar sin ar thalamh an domhain.

Leabharcham	Tá aithne agam ar a leithéid.
Deirdre	An bhfuil tú i ndáirire, a Leabharchaim?
Leabharcham	Tá mé dáiríre go deimhin.
Deirdre	Agus cá bhfuil sé? Inis dom, a Leabharchaim. Inis dom, go tapaidh.
Leabharcham	Tá sé ina chónaí i ndún Chonchúir.
Deirdre	Cad is ainm dó?
Leabharcham	Naoise. Naoise mac Uisnigh is ainm dó.
Deirdre	A Leabharchaim, éist liom, go cúramach. Téigh chuige agus tabhair anseo é.
Leabharcham	An bhfuil tú as do mheabhair? Ní dóigh liom gur féidir liom an beart sin a dhéanamh. Cad a déarfadh Conchúr?
Deirdre	Ach, a Leabharchaim, tabhair i ngan fhios do Chonchúr é. Ó guím thú, a Leabharchaim. Ba bhreá liom é a fheiceáil. Ba bhreá liom caint leis. Ba bhreá liom mo ghrá a nochtadh dó.
Leabharcham	Ach tá tú ró-óg fós, a stór.
Deirdre	Níl, a Leabharchaim. Féach orm. Nach bhfuil mé fásta suas. Nach bhfuil mé inphósta. Agus nach bhfuil mé fíordhathúil.
Leabharcham	Is fíor gur tusa an cailín is deise sa tír, ach leis an fhírinne a insint bheadh eagla orm dul ag lorg Naoise.
Deirdre	Téigh i ndorchacht na hoíche, a Leabharchaim. Ní bheidh a fhios ag éinne. Ó ná diúltaigh mé, a Leabharchaim. Nach raibh mé riamh ceanúil ort. Nach raibh mé umhal duit gcónaí. Ó ná diúltaigh, ná diúltaigh mé, a Leabharchaim, a chara.
Leabharcham	Tá tú i ngrá leis cheana féin, is dóigh liomsa.
Deirdre	Táim. Ó táim cinnte go bhfuil.
Leabharcham	Éist liom anois. Téigh a chodladh agus déanfaidh mé mo dhícheall.
Deirdre	Ó, a Leabharchaim, mo bhuanchara, táim buíoch díot.
Leabharcham	Imigh leat anois agus codladh sámh. *(Imíonn Deirdre ag crónán.)*

Radharc 3

Deirdre ag fanacht le Naoise.

Deirdre	Is tusa Naoise. Tá mé cinnte.
Naoise	Is mé go deimhin agus is tusa Deirdre, an spéirbhean álainn, an cailín is deise in Éirinn.
Deirdre	A Naoise uasail, tá an-áthas orm gur tháinig tú. Tá mo chroí lán de ghrá duit. Ba bhreá liom dul in éineacht leat. Beir leat mé, anois, adeirim agus beidh mé mar bhean chéile agat.
Naoise	Bheadh fearg mhór ar Chonchúr dá gcloisfeadh sé an scéal.
Deirdre	Is cuma liom. Tá plean agam. Éalóimid faoi rún agus beimid i bhfad ón áit seo agus pósta sula mbeidh a fhios aige.
Naoise	Ceart go leor. Ach caithfidh mé imeacht ar dtús agus socrú a dhéanamh le mo dhearthaireacha, Áinle agus Ardan. Tiocfaidh siad inár dteannta. Rachaimid go hAlbain. Cuirfidh Rí na hAlban fáilte romhainn.
Deirdre	Beidh mise ullamh nuair a thiocfaidh sibh ar ais.
Naoise	Slán go fóill, a Dheirdre.
Deirdre	Slán, a ghrá.
	Tagann Leabharcham isteach. Deirdre ag ullmhú chun imeacht.
Leabharcham	An bhfuil tú ag imeacht?
Deirdre	Tá mé ag dul go hAlbain in éineacht le Naoise agus a shlua.
Leabharcham	Tabhair aire duit féin. Tá an turas an-fhada.
Deirdre	Ná bíodh imní ort, a Leabharchaim. Beidh mé an-chúramach ach cloisim rud éigin.
	Tagann Naoise isteach.
Naoise	Tá sé in am againn bóthar a bhualadh. Ní fada go mbeidh an lá ag gealadh.
Deirdre	Slán leat, a Leabharchaim. Beidh mé ag cuimhneamh ort.
Leabharcham	Slán leat, a linbh. Go n-éirí an bóthar libh.

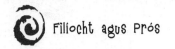

Radharc 4

Conchúr agus a mhuintir.

An chéad fhear	Chuala mé gur chuir rí Alban an ruaig ar Naoise agus ar a mhuintir.
An dara fear	Cén fáth?
An chéad fhear	Is dócha gur thit an rí i ngrá le Deirdre.
An dara fear	Agus ar ndóigh níor thaitin sé sin le Naoise.
An chéad fhear	Níor thaitin. Thosaigh cogadh eatarthu agus b'éigean do Dheirdre agus Naoise an bóthar a bhualadh.
An tríú fear	Cá bhfuil siad anois?
An chéad fhear	B'éigean dóibh dul i dtír in oileán mara. Is mian leo filleadh go hÉirinn, de réir dealraimh.
Fiachaidh	A Rí, nach bhfuil sé in am maithiúnas a thabhairt do chlann Uisnigh agus cuireadh a thabhairt dóibh teacht ar ais go dtí a dtír dhúchais?
Conchúr	Ní chuirfidh mise ina gcoinne. Tá mé sásta fáilte a chur rompu.
Le chéile	Go breá.
Fiachaidh	Rachaidh mise go hEamhain Mhacha chun bualadh leo.
Conchúr	A Eoghain, tar anseo.

Tagann Eoghan chuig an rí agus tosaíonn siad ag cogarnach.

Eamhain Mhacha. Tagann Naoise agus a lucht leanúna isteach ó thaobh na láimhe clé. Tá Fiachaidh in éineacht leo. Tagann Eoghan agus a shlua ó thaobh na láimhe deise.

Eoghain	Céad míle fáilte romhat, a Naoise.

Tarraigíonn sé a shleá agus sánn trí Naoise é. Titeann Naoise. Léimeann Fiachaidh isteach sa chomhrac. Maraítear mar an gcéanna é. Tosaíonn an cath i ndáiríre. Maraítear clann Uisnigh agus a lucht leanúna go léir.

Cainteoir	Ina dhiaidh sin bhí Deirdre ina cónaí i ndún Chonchúir ach bhí sí an-bhrónach. Bhí a croí briste. Lá amháin bhí sí ag taisteal le Conchúr agus Eoghan nuair a thug siad masla di. Go tobann léim sí as an gcarbad agus thit sí ar an mbóthar. Bualadh a ceann i gcoinne cloiche. Fuair sí bás ar an toirt. B'in scéal Dheirdre agus Naoise.

'NÍ NEART GO CUR LE CHÉILE'

Seachtain na Gaeilge
10 – 17 Márta

GAEILGE agus FÁILTE

LABHAIR GAEILGE LINN

Is leatsa í !

Spórt agus Spraoi do Chách

Tóraíocht Taisce don Chéad Bhliain

Dráma á léiriú ag an Idirbhliain

Comórtas Tallainne don Dara Bliain

Tráth na gCeist Boird don Chúigiú Bliain

Ranganna seit am lóin

Céilí Mór na Scoile i Halla na Scoile Déardaoin 8 a chlog

Is fearr Gaeilge bhriste ná Béarla cliste

Lá Fhéile Pádraig sona duit !

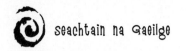 seachtain na Gaeilge

Is seachtain ar leith í Seachtain an Gaeilge i saol na scoile agus is féidir leatsa agus do rang idirbhliana an feachtas go léir a eagrú le cabhair ó do mhúinteoir Gaeilge. De ghnáth déantar an tseachtain seo a cheiliúradh ón 10 go dtí an 17 Márta, is é sin an tseachtain roimh Lá Fhéile Pádraig.

Is maith an rud seachtain speisialta a thabhairt don Ghaeilge. Díríonn an tseachtain d'aigne ar theanga agus ar chultúr agus ar dhúchas ársa na hÉireann agus chomh maith leis sin bíonn craic agus spraoi ag baint leis an seachtain seo i lár na scoilbhliana.

Is féidir imeachtaí éagsúla a chur ar siúl le linn na seachtaine seo. Molfar tosú cúpla lá roimh an spriocdháta chun póstaeir a ullmhú agus iad a scaipeadh ar fud na scoile. Is féidir fógraí le haghaidh na n-imeachtaí atá le teacht a dhearadh. Is féidir duais a thairiscint ar an gceann is fearr. Thíos tá sampla den sórt ruda a d'fhéadfadh a bheith agat ar do phóstaer.

Déanaigí iarracht gach dalta a thabhairt libh – agus na múinteoirí freisin! Is féidir suaitheantais bheaga a dhéanamh: 'Is breá liom an Ghaeilge' nó 'Gaeilge agus Fáilte' scríofa orthu. In Aonad 6 d'fhoghlaim tú faoin gCló Gaelach. Bain úsáid as anois chun na póstaeir agus na suaitheantais a mhaisiú.

Téigí i gcomhairle le do mhúinteoir Gaeilge agus is féidir coiste a chur ar bun chun an tSeachtain go léir a reáchtáil i gceart. Is cinnte go mbeidh an-chabhair le fáil ó Roinn na Gaeilge i do scoil má iarrtar sibh an chabhair sin orthu. Bíodh sé mar aidhm agaibh scoil lán-Ghaelach a bhunú in bhur scoil i rith na seachtaine ar fad.

Na hImeachtaí Éagsúla

Tóraíocht Taisce

De ghnáth is í an chéad bhliain a dhéanann é seo. Caithfear leideanna a chumadh agus a fhágáil ar fud na scoile. Bígí cinnte go bhfuil siad éasca go leor agus iad in oiriúint don Chéad Bhliain. Is féidir mar 'thaisce' úsáid a bhaint as uibheacha beaga seacláide i gciseán agus an chéad duine nó beirt nó an chéad fhoireann a aimsíonn an leid deireanach bíonn an duais acu. Bíodh Plean B agaibh má tá an aimsir go dona ar an lá ionas gur féidir an rud go léir a aistriú laistigh. Cuir na leideanna i gclúdaigh litreach faoi chlocha nó i bhfolach in áiteanna éagsúla ar fud na scoile agus  caithfidh gach leid sibh a sheoladh go dtí an chéad leid eile agus mar sin de. Sampla: ' San áit a múineann an múinteoir ó Chontae na Mí gheobhaidh tú do shlí' agus ansin b'fhéidir ag gobadh amach ó sheomra ranga an mhúinteora sin bheadh an clúdach litreach leis an gcéad leid eile.

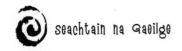

Tráth na gCeist Bord

Tá an imeacht seo oiriúnach don dara nó don chúigiú bliain. Beidh leabhar Quiz nó dhó ag do mhúinteoir Gaeilge agus is é a atá le déanamh agaibh ná deich mbabhta a dhéanamh amach ó na ceisteanna sa leabhar a d'oirfeadh don bhliain atá á dhéanamh agus sé cheist a chur i ngach babhta. (Féach na ceisteanna in Aonad 10) Is féidir imeacht dátheangach a dhéanamh den imeacht seo ag brath ar an gcaighdeán Gaeilge atá sa scoil. Léigh amach na ceisteanna go soiléir as Gaeilge i dtosach agus más gá is féidir Béarla a chur orthu ansin. Tógfaidh an t-imeacht seo thart ar uair go leith ag brath ar an méid foirne atá ag glacadh páirte ann. Tig libh é seo a leathnú amach go dtí na tuismitheoirí agus imeacht oíche a dhéanamh de ach bígí cinnte go bhfuil gach rud eagraithe go maith agaibh roimh ré. Caithfidh beirt a bheith freagrach as an scór a choimeád agus beirt nó triúr eile a bheith ag bailiú na bhfreagraí, duine amháin le guth breá ard chun na ceisteanna a léamh amach agus foireann ag suí ar bhord speisialta ag ceartú na bhfreagraí. Is féidir duais éigin a bheith ann don fhoireann is fearr.

Comórtas Tallainne

Is féidir na babhtaí a eagrú ag am lóin i rith na seachtaine. Is féidir comórtas ginearálta – an scoil go léir - nó bliain amháin a bheith i gceist. Caithfidh na hiarrthóirí iarracht a dhéanamh an Ghaeilge a úsáid ina n-iontrálacha. Beidh marcanna ar leith ag dul don mhéid Gaeilge a úsáideadh i ngach iontráil. B'fhéidir go gcabhródh an múinteoir ceoil libh leis an imeacht seo a chur ar siúl. Arís má tá an t-airgead agaibh is féidir duais bheag a chur ar fáil don bhuaiteoir.

98

An Céilí Mór

Seo é an *pièce de résistance* i rith Sheachtain na Gaeilge de ghnáth. Má tá na múinteoirí Gaeilge toilteanach bíodh ranganna damhsa ar siúl i rith na seachtaine go léir ionas go mbeidh eolas éigin ag gach duine ón gcéad bhliain ar aghaidh ar na rincí éagsúla a bhíonn ag céilithe go hiondúil (féach Aonad 6). Má tá ceoltóirí agaibh ar scoil tá an t-ádh libh mar is iontach an rud é ceol 'beo' a bheith ann. Is féidir téip de cheol céilí a úsáid ach é a chur ar aimplitheoir ionas gur féidir le gach duine an ceol a chloisteáil agus iad ag damhsa. Tá sé seo thar a bheith tábhachtach. Is féidir costas beag a chur ar na ticéid ar an oíche agus an t-airgead a úsáid le haghaidh na nduaiseanna éagsúla i rith na seachtaine go léir. Ní mór fear nó bean an tí a bheith ann chun an céilí a 'ghlaoch', is é sin, chun a rá cad é an chéad rince eile a bheidh ar siúl agus é a thosú agus na damhsóirí a choimeád ag rince in am, díreach cosúil le 'Damhsa Sciobóil' na Meiriceánach.

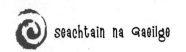

Is féidir an-chuid eile d'imeachtaí a chur ar siúl – comórtas póstaeir, díospóireachtaí, drámaí Gaeilge, comórtas filíochta, turas go dtí áit i ngiorracht don scoil féin a bhfuil baint stairiúil aici le teanga, dúchas, cultúr nó traidisiún na Gaeilge.

D'fhéadfaí cuireadh a thabhairt do scríbhneoir Gaeilge cuairt a thabhairt ar an scoil le linn Sheachtain na Gaeilge – nó uair ar bith – faoin scéim **Scríbhneoirí sna Scoileanna** a reáchtálann Éigse Éireann/Poetry Ireland.

Téigí i gcomhairle le na príomheagraíochtaí Gaeilge a chabhródh libh Seachtain na Gaeilge a chur ar bun. Téigí i dteagmháil roimh ré le:

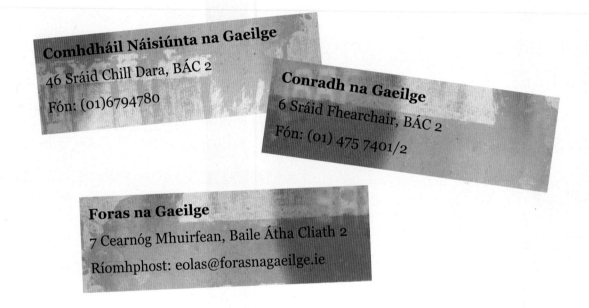

Comhdháil Náisiúnta na Gaeilge

46 Sráid Chill Dara, BÁC 2

Fón: (01)6794780

Conradh na Gaeilge

6 Sráid Fhearchair, BÁC 2

Fón: (01) 475 7401/2

Foras na Gaeilge

7 Cearnóg Mhuirfean, Baile Átha Cliath 2

Ríomhphost: eolas@forasnagaeilge.ie

Cabhraíonn na heagraíochtaí seo le cur chun cinn na Gaeilge. Faigh amach conas is féidir leo cabhrú libh. Má chabhraíonn siad libh, bígí cinnte bhur mbuíochas a léiriú.

Ar a laghad ba cheart an-iarracht a dhéanamh an Ghaeilge a úsáid chomh minic agus is féidir le linn Sheachtain na Gaeilge. Is leatsa í, bain úsáid aisti.

9 Gramadach

'TÚS MAITH LEATH NA hOIBRE'

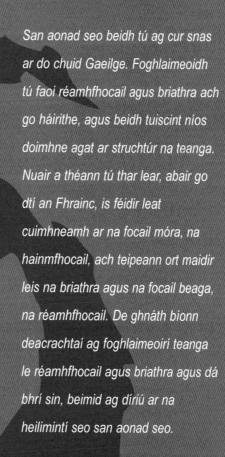

San aonad seo beidh tú ag cur snas ar do chuid Gaeilge. Foghlaimeoidh tú faoi réamhfhocail agus briathra ach go háirithe, agus beidh tuiscint níos doimhne agat ar struchtúr na teanga. Nuair a théann tú thar lear, abair go dtí an Fhrainc, is féidir leat cuimhneamh ar na focail móra, na hainmfhocail, ach teipeann ort maidir leis na briathra agus na focail beaga, na réamhfhocail. De ghnáth bíonn deacrachtaí ag foghlaimeoirí teanga le réamhfhocail agus briathra agus dá bhrí sin, beimid ag díriú ar na heilimintí seo san aonad seo.

Na Réamhfhocail Shimplí

Cad go díreach atá i gceist maidir leis na réamhfhocail seo? Bhuel, séard atá iontu ná na focail bheaga a chuireann treo nó suíomh in iúl, focail ar nós *as, i , ag, go, faoi, do, ar* agus mar sin de. Cad iad na rialacha gramadaí a ghabhann leo agus cad is brí leo ar an gcéad dul síos? I dtosach, is deacair Béarla cruinn a chur ar na réamhfhocail mar athraíonn an bhrí ó shuíomh go suíomh ach, mar chabhair duit, seo cuid de na réamhfhocail is coitianta agus na bríonna atá leo.

Ar: *on*   **Ag**: *at*   **As**: *out of*   **Chuig**: *to*   **Do**: *to/for*   **De**: *from/off*   **Faoi**: *under*

Le: *with*   **Ó**: *from*   **Roimh**: *before*   **Thar**: *over/across*   **Trí/tríd**: *through*

De ghnáth athraíonn an focal a leanann na réamhfhocail agus caithfidh tú cúpla riail shimplí a fhoghlaim ionas go mbeidh tú ábalta cruinneas a chur ar do chuid Gaeilge. Go ginearálta, tá trí aicme réamhfhocal ann: cinn a chuireann séimhiú nó 'h' ar an bhfocal a leanann iad, mar shampla, 'Tá an cat ina shuí **ar b**halla', agus 'Léim an gadhar **thar ch**laí'; na cinn nach gcuireann séimhiú ar an bhfocal a leanann iad (**ag, as** agus **chuig**) mar shampla, 'Chuir Mamaí **chuig** dochtúir mé' agus 'Bhí mé **ag** bainis inné'. Ansin tá dhá réamhfhocal (**le** agus **go**) nach gcuireann séimhiú ar an gconsan a leanann iad ach a chuireann 'h' roimh an bhfocal a leanann iad má thosaíonn an focal sin ar ghuta, mar shampla, 'Rinne mé an obair **go h**éasca.'

Tá réamhfhocal amháin eile agus is é sin an réamhfhocal '**i**'. Leanann urú an réamhfhocal seo, mar shampla. 'Rugadh mé **i m**Béal Feirste' Céard is urú ar aon nós? Bhuel, cuirtear litir ar leith roimh fhocail áirithe nuair is gá ó thaobh gramadaí de. Cuirtear urú ar: b; c; d; f; g; p; agus t. Ní féidir urú a chur ar na consain eile. Na litreacha a chuireann tú orthu ná: *m* roimh **b**; *g* roimh **c**; *n* roimh **d**; *bh* roimh **f**; *n* roimh **g**; *b* roimh **p** agus *d* roimh **t**. Is é *n* an t-aon urú a chuirtear ar fhocail a thosaíonn ar ghuta. Anois ní raibh sé sin ródheacair agus beidh seans agat cleachtadh a dhéanamh orthu anois. Bain amach na lúibíní agus déan cibé athrú is gá sna habairtí seo a leanas:

1   Bhí na leabhair (faoi: bord) an t-am ar fad.

2   Chaith an buachaill mála (as: gluaisteán).

3   Tháinig madra (ar: bád) inné.

4   Chuir mé litir (chuig: Máire).

5   Thug mé bronntanas (do: cara) liom.

6   Bhí mé (i: ponc) ceart ansin.

7   Bím ag canadh (ó: am) (go: am).

8   Chuaigh mé ar scoil (le: Áine) ar maidin.

Réamhfhocal simplí agus an t-alt san uimhir uatha

An é sin é? Bhuel, níl tú críochnaithe go fóillín. Nuair a thagann an t-alt san uimhir uatha i gceist leis na réamhfhocail athraíonn an scéal beagáinín. Séard is ciall leis an **alt** ná 'an' agus 'na' (*the* i mBéarla). Mar shampla, san abairt 'Bhí an leabhar **ar an m**bord' bhí an réamhfhocal agus an t-alt le chéile agus in ionad séimhiithe lean urú iad. Dá bhrí sin, má bhíonn **ar + an** nó **ag+ an** nó aon réamhfhocal + **an** i gceist, cuireann tú urú ar an bhfocal a leanann é más féidir. Ní chuirtear urú ar **d** nó **t** i ndiaidh '**an**' sa chaoi go bhfaigheann tú 'Bhí mé **ag an** dochtúir' agus 'D'fhág mé mo mhála **ar an** traein'. An bhfuil aon eisceacht eile le cur san áireamh? Faraor tá. Uaireanta déantar focal amháin as an réamhfhocal agus '**an**', mar shampla **do + an = don**; **faoi + an = faoin**; **de + an = den**; **ó + an = ón**; agus **i + an = sa/san**.

I gcás '**faoin**' agus '**ón**' leanann urú iad, mar shampla 'Tá na leabhar **faoin m**bord' agus 'Thóg mé airgead **ón bh**fear' ach i gcás 'den', 'don' agus 'sa/san' is é an séimhiú a leanann iad sa chaoi go bhfaigheann tú 'Thit Máire **den b**halla' agus 'Thug mé airgead **don fh**ear'.

Anois tuilleadh chleachtadh duit féin ar na réamhfhocail go léir agus iad measctha. Bain amach na lúibíní agus déan cibé athrú is gá. Nuair atá sin déanta agat athscríobh na habairtí go cruinn i mBéarla.

1   Chuir Mamaí cóta (ar: Seán).

2   Tabhair an chailc (don: múinteoir).

3   An bhfuil do thuistí (as: baile) anocht.

4   Bhí an cluiche ar siúl (sa: páirc).

5   Chuaigh an cat (i: folach) (faoin: bord).

 Gramadach

6 Thit an buachaill beag (den: cathaoir).

7 Chuaigh sé go dtí an Céilí (le: cailín) anocht.

8 Ní dheachaigh mé (chuig: an: ceolchoirm) riamh.

9 D'ith mé cáca milis (leis: an: tae).

10 Bhí gliondar (ar: an: fear) nuair a fuair sé póg (ón: cailín).

Na Briathra

Sula dtosaímid ar na briathra a dhéanamh tá cúpla téarma gramadaí a chaithfidh a bheith ar eolas agat. Bí cinnte go dtuigeann tú iad seo a leanas:

Aimsir = *tense*	Briathar Saor = *Passive Voice* (gan pearsa)
Neamhrialta = *irregular*	Foircinn = *endings*
Consan = *consonant*	Fréamh = *root*
Modh Ordaitheach = *Imperative Mode*	
Foirm dhearfach/cheisteach/dhiúltach = *positive/interrogative/negative form*	
Uatha = *singular*	Iolra = *plural*
Leathan = *broad (a,o, u)*	Caol = *slender*
Siolla = *syllable*	Guta = *vowel*
Pearsa = *person (mé, tú, sé, sí, sinn, sibh, siad)*	
Réimniú = conjugation/grouping	Rialta = regular (obeying rules)

Anois tá **trí ghrúpa briathra** againn sa Ghaeilge agus is féidir gach uile briathar a chur i gceann amháin de na grúpaí sin. Is iad na trí ghrúpa sin ná: **An Chéad Réimniú; An Dara Réimniú** agus **na Briathra Neamhrialta**. Ós rud é gur iad na Briathra Neamhrialta is minice a úsáidtear beimid ag tosú leo sin.

Na Briathra Neamhrialta

Ta dea-scéala agus drochscéala ag baint leis na Briathra Neamhrialta seo. An dea-scéala ná nach bhfuil ach 11 díobh ann. Ach an drochscéala ná go n-athraíonn cuid acu ó aimsir go haimsir agus ó fhoirm go foirm. Dá bhrí sin níl aon dul as … caithfidh tu iad a fhoghlaim de ghlanmheabhair. Mar chabhair duit tá sé níos easca iad a fhoghlaim sa tslí seo a leanas agus úsáid a bhaint as an aibítir, ag tosú le 'A'.

Abair: say
Beir: catch/to grab
Bí: be
Clois: hear
Déan: do/make
Faigh: get
Feic: see
Ith: eat
Tabhair: give
Tar: come
Téigh: go

Feiceann tú go bhfuil **2 'B'**; **'C' amháin** **'D' amháin**; **2 'F'**; **guta amháin** *agus* **3 'T'**

Tá na briathra seo go léir neamhrialta sa chaoi nach leanann siad na rialacha a leanann na cinn rialta. Caithfidh tú a bheith ábalta iad a láimhseáil i ngach aimsir agus i ngach foirm; dá bhrí sin, beimid ag dul trí na haimsirí agus na foirmeacha go léir maidir leis na briathra seo go léir.

San aonad seo beimid ag díriú ar na haimsirí seo a leanas:

An Aimsir Chaite; An Aimsir Fháistineach; An Aimsir Láithreach agus An Modh Coinníollach. Tá gaol éigin idir an Aimsir Chaite agus an Modh Coinníollach agus tá gaol idir an Aimsir Láithreach agus an Aimsir Fháistineach. Bí ag faire amach don ghaol sin.

I gcás teanga ar bith caithfidh tú a bheith ábalta ceist a chur agus í a fhreagairt san fhoirm dhearfach agus san fhoirm dhiúltach agus an Briathar Saor a úsáid. Déan staidéar ar na táblaí seo a leanas agus déan na ceachtanna a leanann iad agus roimh dheireadh na bliana seo <u>beidh</u> na briathra seo ar eolas agat go deo.

 Gramadach

An Aimsir Chaite – Briathra Neamhrialta

Dearfach	Diúltach	Ceisteach	Briathar Saor
An 2ú Pearsa Uatha agus An Chéad Phearsa Iolra			
Abair	Dúirt tú/Dúramar	Ní dúirt tú	An ndúirt tú	Dúradh
Beir	Rug tú/Rugamar	Níor rug tú	Ar rug tú	Rugadh
Bí	Bhí tú/Bhíomar	Ní raibh tú	An raibh tú	Bhíothas
Clois	Chuala tú/Chualamar	Níor chuala tú	Ar chuala tú	Chualathas
Déan	Rinne tú/Rinneamar	Ní dhearna tú	An ndearna tú	Rinneadh
Faigh	Fuair tú/Fuaireamar	Ní bhfuair tú	An bhfuair tú	Fuarthas
Feic	Chonaic tú/Chonaiceamar	Ní fhaca tú	An bhfaca tú	Chonacthas
Ith	D'ith tú/D'itheamar	Níor Ith tú	Ar Ith tú	Itheadh
Tabhair	Thug tú/Thugamar	Níor thug tú	Ar thug tú	Tugadh
Tar	Tháinig tú/Thángamar	Níor tháinig tú	Ar tháinig tú	Thángthas
Téigh	Chuaigh tú/Chuamar	Ní dheachaigh tú	An ndeachaigh tú	Chuathas

Anois cleachtadh duit féin … bain amach na lúibíní agus déan cibé athrú is gá:

1   Inné (téigh: sé) go dtí an fiaclóir.

2   (Ith: sinn) ár ndóthain ag am lóin inné.

3   (An: clois: tú) an nuacht uafásach anocht?

4   (Ní: tabhair: sí) aon airgead don fhear bocht.

5   An tseachtain seo chaite (déan: Muiris) éacht sna cluichí.

Anois, de ghnáth, nuair is mian leat ceist a chur as Gaeilge cuireann tú 'an' agus urú roimh an mbriathar. Chun an Fhoirm Dhiúltach a dhéanamh cuirtear 'Ní' roimh an mbriathar agus séimhiú air ach mar a fheiceann tú ó na táblaí ní mar sin a bhíonn sé i gcónaí maidir leis na Briathra Neamhrialta.

Aimsir Láithreach – Briathra Neamhrialta

Dearfach	Diúltach	Ceisteach	Briathar Saor
An Dara Pearsa Uatha agus an Chéad Phearsa Iolra			
ABAIR Deir tú/Deirimid	Ní deir	An ndeir?	Deirtear
BEIR Beireann tú/Beirimid	Ní bheireann	An mbeireann?	Beirtear
BÍ Tá tú/Táimid	Níl tú	An bhfuil?	Táthar
CIOIS Cloiseann tú/Cloisimid	Ní chloiseann	An gcloiseann?	Cloistear
DÉAN Déannan tú/Déanaimid	Ní dhéanann	An ndéanann?	Déantar
FAIGH Faigheann tú/Faighimid	Ní fhaigheann	An bhfaigheann?	Faightcar
FEIC Feiceann tú/Feicimid	Ní fheiceann	An bhfeiceann?	Feictear
ITH Itheann tú/Ithimid	Ní itheann	An itheann?	Itear
TABHAIR Tugann tú/Tugaimid	Ní thugann	An dtugann?	Tugtar
TAR Tagann tú/Tagaimid	Ní thagann	An dtagann?	Tagtar
TÉIGH Téann tú/Téimid	Ní théann	An dtéann?	Téitear

Ceachtanna ar an Aimsir Láithreach. Bain amach na lúibíní agus déan cibé athrú is gá:

1   Gach lá (téigh: sinn) ar scoil.

2   De ghnáth (ní: ith: mé) feoil ar maidin.

3   (An: faigh: tú) pá maith sa phost sin?

4   (Deir: 'briathar saor') go bhfuil an fear bocht marbh.

5   (Ní: tabhair: Fiachra) airgead dá mháthair gach seachtain.

Aimsir Fháistineach – Briathra Neamhrialta

Dearfach	Diúltach	Ceisteach	Briathar Saor
An Dara Pearsa Uatha agus an Chéad Phearsa Iolra			
ABAIR Déarfaidh tú/Déarfaimid	Ní dearfaidh	An ndéarfaidh?	Déarfar
BEIR Béarfaidh tú/Béarfaimid	Ní bhéarfaidh	An mbéarfaidh?	Béarfar
BÍ Beidh tú/Beimid	Ní bheidh	An mbeidh?	Beifear
CLOIS Cloisfidh tú/Cloisfimid	Ní chloisfidh	An gcloisfidh?	Cloisfear
DÉAN Déanfaidh tú/Déanfaimid	Ní dhéanfaidh	An ndéanfaidh?	Déanfar
FAIGH Gheobhaidh tú/ Gheobhaimid	Ní bhfaighidh	An bhfaighidh?	Gheofar
FEIC Feicfidh tú/Feicfimid	Ní fheicfidh	An bhfeicfidh?	Feicfear
ITH Íosfaidh tú/Íosfaimid	Ní íosfaidh	An íosfaidh?	Íosfar

Dearfach	Diúltach	Ceisteach	Briathar Saor
TABHAIR Tabhairfaidh tú/ Tabhairfaimid	Ní thabharfaidh	An dtabharfaidh?	Tabharfar
TAR Tiocfaidh tú/Tiocfaimid	Ní thiocfaidh	An dtiocfaidh?	Tiocfar
TÉIGH Rachaidh tú/Rachaimid	Ní rachaidh	An rachaidh?	Rachfar

Ceachtanna ar an Aimsir Fháistineach. Bain amach na lúibíní agus déan cibé athrú is gá:

1 (Téigh: mé) go dtí an cheolchoirm an Luan seo chugainn.

2 (An: bí: tú) ag dul go dtí an Ghaeltacht i mbliana?

3 (Ní: ith: mé) iasc arís má bím tinn i gcónaí ina dhiaidh.

4 (Tabhair: Conchúr) an leabhar dom amárach.

5 (An: fuair: sé) Ardteist mhaith tar éis na hoibre go léir?

Modh Coinníollach

Sa Mhodh Coinníollach athraíonn foirm na mBriathra ó phearsa go pearsa ach tá rialacha ag baint leis seo, agus seo mar atá sé:

UATHA	IOLRA
An Chéad Phearsa: Fainn/Finn	Faimis/Fimis
An Dara Pearsa: Fá/Feá	Fadh/Feadh sibh
An Tríú Pearsa: Fadh/Feadh sé/sí	Faidís/Fidís

Faoi mar a tharlaíonn san Aimsir Chaite, cuirtear **D'** roimh bhriathra a thosaíonn ar ghuta agus i gcás briathra a thosaíonn ar 'F' cuirtear **D'** roimhe agus '**H**' ina dhiaidh. Cuirtear '**H**' ar thúschonsain sa Dhearfach. Chun é seo a léiriú rachaimid trí na samplaí seo.

ITH	Sampla Leathan
UATHA	**IOLRA**
An Chéad Phearsa: D'íosfainn	D'íosfaimis
An Dara Pearsa: D'íosfá	D'íosfadh sibh
An Tríú Pearsa: D'íosfadh sé/sí	D'íosfaimis

Diúltach: Ní íosfadh sé   **Ceisteach**: An íosfadh sé?

CLOIS	Sampla Caol
UATHA	**IOLRA**
An Chéad Phearsa: Chloisfinn	Chloisfimis
An Dara Pearsa: Chloisfeá	Chloisfeadh sibh
An Tríú Pearsa: Chloisfeadh sé/sí	Chloisfidís

Diúltach: Ní chloisfeadh sé **Ceisteach**: An gcloisfeadh sé?

Ar aghaidh linn leis an tábla mar sin:

An Modh Coinníollach – Briathra Neamhrialta

Dearfach	Diúltach	Ceisteach	Briathar Saor
An Dara Pearsa Uatha agus an Chéad Phearsa Iolra			
ABAIR Déarfá/Déarfaimis	Ní déarfá	An ndéarfá?	Déarfaí
BEIR Béarfá/Béarfaimis	Ní bhéarfá	An mbéarfá?	Bhéarfaí
BÍ Bheifeá/Bheimis	Ní bheifeá	An mbeifeá?	Bheifí
CLOIS Chloisfeá/Chloisfimis	Ní chloisfeá	An gcloisfeá?	Chloisfí
DÉAN Dhéanfá/Dhéanfaimis	Ní dhéanfá	An ndéanfá?	Dhéanfaí
FAIGH Gheobhfá/Gheobhaimis	Ní bhfaighfeá	An bhfaighfeá?	Gheofaí
FEIC D'fheicfeá/D'fheicfimis	Ní fheicfeá	An bhfeicfeá?	D'fheicfí
ITH D'íosfá/D'íosfaimis	Ní íosfá	An íosfá?	D'íosfaí
TABHAIR Thabharfá/Thabharfaimis	Ní thabharfá	An dtabharfá?	Thabharfaí
TAR Thiocfá/Thiocfaimis	Ní thiocfá	An dtiocfá?	Thiocfaí
TÉIGH Rachfá/Rachaimis	Ní rachfá	An rachfá?	Rachfaí

Ceachtanna ar an Modh Coinníollach. Bain amach na lúibíní agus déan cibé athrú is gá:

1 (Bí: mé) an-sásta liom féin dá mbuafainn an Lotto.

2 (An: deir: tú) go bhfuil tú go maith ar scoil?

3 (Ní: clois: Cian) ceol mar sin in aon áit eile ar domhan.

4 (Téigh: sinn) thar lear dá mbeadh an t-airgead againn.

5 (Ith: Muireann) a dinnéar dá mbeadh ocras uirthi.

Anois chun dul siar ar na Briathra tábhachtacha seo – cuimhnigh **nach** leanann siad na rialacha an t-am ar fad; go bhfuil an Aimsir Chaite an-chasta; go bhfuil gaol idir 'D' agus séimhiú ar thúschonsain na mbriatha agus nach mbíonn mé/tú/sinn nó siad le feiceáil sa Mhodh Coinníollach ach go mbíonn foircinn ar leith leo. Is féidir na briathra seo a chleachtadh sa seomra ranga trí cheisteanna a chur agus a fhreagairt le chéile.

Na Briathra Rialta

Dúramar ag tús an chuid seo den Aonad seo gurbh fhéidir gach Briathar sa Ghaeilge a chur isteach i dtrí ghrúpa. Tá na Briathra Neamhrialta ar eolas againn anois ach cad é an scéal faoi na Briathra eile? Bhuel, beidh áthas ort a fháil amach go leanann gach briathar eile (seachas an 11 Bhriathar Neamhrialta thús) na rialacha. Ciallaíonn sé sin go mbeidh tú ábalta gach briathar a láimhseáil a fhad is atá na rialacha ar eolas agat. Ansin ní gá ach a fháil amach;

a Cén réimniú ina bhfuil siad, agus

b An bhfuil siad caol nó leathan agus beidh sé ar do chumas an leagan ceart den bhriathar a úsáid. Sula dtosaímid ar an dá Réimniú, bí cinnte go bhfuil na rialacha ginearálta agat.

Rialacha Ginearálta

1 **Cuirtear** séimhiú ('h') ar thúschonsain na mbriathra san Aimsir Chaite dhearfach mar shampla; **Gh**lan mé.

2 **Cuirtear** D' roimh bhriathar a thosaíonn ar 'F' nó guta san fhoirm dhearfach den Aimsir Chaite agus sa Mhodh Coinníollach, mar shampla **D'**oscail mé/ **D'fh**ágfainn.

3 **Ní** chuirtear D' roimh bhriathar a thosaíonn ar F nó guta san Fhoirm Dhiúltach nó san Fhoirm Cheisteach.

4 **Ní** chuirtear séimhiú ar thúschonsan briathair **san Fhoirm Dhearfach** san Aimsir Láithreach nó san Aimsir Fháistineach.

5 Chun briathar a chur san Fhoirm Dhiúltach cuirtear 'Ní' roimhe agus séimhiú air i *ngach aimsir* ach amháin an Aimsir Chaite. Cuirtear 'Níor' roimh an mbriathar san Aimsir Chaite agus fágann tú an séimhiú air, ach amháin sa Bhriathar Saor.

6 Chun briathar a chur san Fhoirm Cheisteach cuirtear 'An' agus urú roimh an mbriathar i *ngach aimsir* ach amháin an Aimsir Chaite. Cuirtear 'Ar' roimhe agus fágtar an séimhiú air san Aimsir Chaite, ach amháin sa Bhriathar Saor.

Mar sin, chun dul siar ar na rialacha ginearálta seo:

Aimsir Chaite, Modh Coinníollach	Aimsir Fháistineach, Aimsir Láithreach
Dearfach –	
'h' ar thúschonsan	Níl aon 'h' ar an túschonsan.
'd' roimh ghuta agus briathra a thosaíonn ar 'F'.	Níl aon 'd' roimh ghuta agus briathar a thosaíonn ar 'F'.
Diúltach – Fág an 'd' ar lár Cuireann tú 'h' ar an túschonsan	
Ceisteach – Fág an 'd' ar lár Cuireann tú urú roimh an mbriathar	

An Chéad Réimniú

Chun a fháil amach an bhfuil briathar áirithe sa Chéad Réimniú caithfear na siollaí a chomhaireamh mar is briathra aonsiollacha de ghnáth atá sa Chéad Réimniú. Cuimhnigh anois go gcomhraíonn tú na siollaí sa Mhodh Ordaitheach den bhriathar (mar shampla, 'Ól an bainne', arsa Mamaí). Faigheann tú briathra ar nós: *Dún; Bris; Fág; Ól* sa Chéad Réimniú.

Cad iad na rialacha a ghabhann leis an Réimniú seo? Bhuel i dtosach caithfidh tú a bheith cinnte an caol nó leathan é an briathar atá i gceist. Ach go simplí sin é. Foghlaimíonn tú an foirceann a chuireann tú ar bhriathra caola nó ar bhriathra leathana sa Chéad Réimniú agus is beag eisceachtaí ó na rialacha atá ann.

An Foirceann a chuireann tú ar bhriathar **sa Chéad Réimniú**:

Aimsir Chaite

Tá an Aimsir Chaite an-simplí an uair seo. Níl ach an Chéad Phearsa san Uimhir Iolra le cur san áireamh maidir le foirceann a chur ar Mhodh Ordaitheach na mbriathar agus sin é -'amar' más briathar leathan atá agat agus -'eamar' más rud é go bhfuil an briathar caol. Lasmuigh den Chéad Phearsa Iolra úsáideann tú na rialacha ginearálta agus sin é an Aimsir Chaite duit. Rud beag amháin agus sin nach gcuirtear séimhiú ar an mbriathar saor san Aimsir Chaite. Seo anois sampla de bhriathar sa Chéad Réimniú san Aimsir Chaite.

Bris ... siolla amháin agus caol

PEARSA	UATHA	IOLRA
Chéad	Bhris mé	Bhris**eamar**
Dara	Bhris tú	Bhris sibh
Tríú	Bhris sé/sí	Bhris siad

Briathar Saor = Briseadh

114

An Aimsir Láithreach

Tá an Aimsir Láithreach simplí go leor sa Chéad Réimniú freisin. Caithfidh tú a chuimhneamh nach n-úsáidtear 'mé' ar chor ar bith ach tá sé taobh istigh den bhriathar féin. Bíonn foirceann ar leith ag na briathra san Aimsir Láithreach agus caithfidh tú iad a fhoghlaim. Cad iad? Bhuel, féach ar an tábla thíos agus feicfidh tú chomh héasca is atá siad.

Dún ... siolla amháin agus leathan

PEARSA	UATHA	IOLRA
Chéad	Dún**aim**	Dún**aimid**
Dara	Dún**ann** tú	Dún**ann** sibh
Tríú	Dún**ann** sé/sí	Dún**ann** siad

Briathar Saor = Dúntar

I gcás briathair atá caol bíonn -im, -eann agus -imid ann agus -tear sa bhriathar saor.

Aimsir Fháistineach

San Aimsir Fháistineach den Chéad Réimniú is iad -faidh agus -fidh a fhaigheann tú ag brath ar chaol agus leathan. Féach ar an tábla thíos agus tuigfidh tú conas an Aimsir Fháistineach a láimhseáil sa Chéad Réimniú.

Buail ... siolla amháin agus caol

PEARSA	UATHA	IOLRA
Chéad	Buail**fidh** mé	Buail**fimid**
Dara	Buail**fidh** tú	Buail**fidh** sibh
Tríú	Buail**fidh** sé/sí	Buail**fidh** siad

Briathar Saor = Buailfear

I gcás briathair atá leathan bíonn -faidh, -faimid ann agus far sa bhriathar saor.

Modh Coinníollach

Tá a bhfoirceann féin ag na pearsana éagsúla sa Mhodh Coinníollach sa Chéad Réimniú faoi mar a bhí ann sna Briathra Neamhrialta. Is é sin le rá, ní úsáidtear mé; tú; sinn nó siad ach tá na pearsana taobh istigh den bhriathar féin. Cuimhnigh go bhfuil an Modh Coinníollach cosúil leis an Aimsir Chaite maidir le séimhiú ar thúschonsan agus **D'** roimh na briathra a thosaíonn ar ghuta nó **F**. Ar aghaidh linn le briathar samplach sa Chéad Réimniú agus é sa Mhodh Coinníollach.

Fág ... siolla amháin agus leathan

PEARSA	UATHA	IOLRA
Chéad	D'fhág**fainn**	D'fhág**faimis**
Dara	D'fhág**fá**	D'fhág**fadh** sibh
Tríú	D'fhág**fadh** sé/sí	D'fhág**faidís**

Briathar Saor = D'fhágfaí

I gcás briathair atá caol, bíonn -finn, -feá, -feadh, -fimis, -fidís ann agus -fí- sa bhriathar saor.

An Dara Réimniú

Sa Chéad Réimniú bhí siolla amháin i ngach briathar ach sa Dara Réimniú bíonn níos mó ná aon siolla amháin i gceist ... briathra ar nós *ceannaigh; inis; bailigh; oscail* agus *fiafraigh.* Tá a rialacha féin ag an Dara Réimniú agus caithfidh tú na foircinn éagsúla a fhoghlaim. Bíonn deacracht ag daltaí nuair a bhíonn siad ag iarraidh a fháil amach cé acu caol nó leathan é an briathar ach cuimhnigh go gcaithfidh tú dul siar go dtí an Modh Ordaitheach den bhriathar chun an t-eolas a fháil ('Ceannaigh arán le do thoil', arsa Seán). I gcás briathar ar nós *ceannaigh* ... bain amach an *aigh* agus feicfidh tú gur briathar leathan atá ann. Arís baineann na rialacha ginearálta a luamar níos luaithe leis an Dara Réimniú freisin. Ar aghaidh linn mar sin leis na foircinn a bhaineann leis an Dara Réimniú.

Aimsir Chaite

Ar aon dul leis an gCéad Réimniú ní gá a bheith buartha faoi fhoirceann ar bith seachas an Chéad Phearsa Iolra agus an Aimsir Chaite ar bun agat. Tá sé an-éasca ar fad. Féach ar an mbriathar samplach seo a leanas agus beidh sé ar do chumas Aimsir Chaite an Dara Réimniú a láimhseáil gan stró.

Ceannaigh ... dhá shiolla agus leathan

PEARSA	UATHA	IOLRA
Chéad	Cheannaigh mé	Cheann**aíomar**
Dara	Cheannaigh tú	Cheannaigh sibh
Tríú	Cheannaigh sé/sí	Cheannaigh siad

An Briathar Saor = Ceannaíodh

I gcás briathair atá caol, bíonn -íomar ann agus -íodh don bhriathar saor. Arís níl aon séimhiú ar an mbriathar saor san Aimsir Chaite.

Aimsir Láithreach ... arís níl aon 'mé' san Aimsir Láithreach. Tá an 'mé' lastigh den bhriathar. Ar aon dul leis an gCéad Réimniú tá foirceann ar leith ag gach pearsa beagnach agus caithfidh tú iad a fhoghlaim. Is iad -aím; -aíonn; -aímid; agus -aítear foircinn na mbriathra leathana agus fágann tú an 'a' ar lár más briathar caol atá agat. Ar aghaidh linn mar sin le tábla a thaispeánfaidh duit conas a láimhseálann tú aon bhriathar san Aimsir Láithreach.

Bailigh ... dhá shiolla agus caol

PEARSA	UATHA	IOLRA
Chéad	Bail**ím**	Bail**ímid**
Dara	Bail**íonn** tú	Bail**íonn** sibh
Tríú	Bail**íonn** sé/sí	Bail**íonn** siad

Briathar Saor = Bailítear

 Gramadach

Aimsir Fháistineach

In Aimsir Fháistineach an Dara Réimniú is iad -eoidh agus -óidh na foircinn atá ann ag brath ar chaol agus leathan. Ar aghaidh linn leis an tábla agus feicfidh tú conas an Aimsir Fháistineach a dhéanamh d'aon bhriathar sa Dara Réimniú.

Tosaigh ... **Dhá shiolla agus leathan**

PEARSA	UATHA	IOLRA
Chéad	Tos**óidh** mé	Tos**óimid**
Dara	Tos**óidh** tú	Tos**óidh** sibh
Tríú	Tos**óidh** sé/sí	Tos**óidh** siad

Briathar Saor = Tosófar

I gcás briathair atá caol, bheadh e roimh an -óidh- gan síneadh fada ar an o, i.e. -eoidh.

Modh Coinníollach

Arís sa Mhodh Coinníollach bíonn a bhfoirceann féin ag gach pearsa éagsúil agus ní fhaigheann tú aon 'mé' nó 'tú' nó 'sinn' nó 'siad'. Tá an phearsa lastigh den bhriathar féin. Cuimhnigh go gcuirtear D' roimh bhriathar a thosaíonn ar F nó guta agus go mbíonn túschonsan an bhriathair séimhithe.

Fiafraigh ... dhá shiolla agus leathan.

Cuimhnigh go gcoimeádann tú an 'r' agus tú ag cur an fhoircinn ar bhriathra ar nós 'Fiafraigh'.

PEARSA	UATHA	IOLRA
Chéad	D'fhiafr**óinn**	D'fhiafr**óimis**
Dara	D'fhiafr**ófá**	D'fhiatr**ódh** sibh
Tríú	D'fhiafr**ódh** sé/sí	D'fhiafr**óidís**

Briathar Saor = D'fhiafrófaí

I gcás briathair atá caol, bíonn e roimh an -óinn- gan síneadh fada ar an o, i.e. -eoinn.

Anois ceachtanna ar na briathra sa Chéad agus sa Dara Réimniú duit agus iad go léir measctha. Caithfidh tusa an rogha a dhéanamh maidir le Caol agus Leathan. Cuimhnigh go mbíonn **siolla amháin** i mbriathra sa **Chéad Réimniú** agus **dhá siolla nó níos mó** i mbriathra sa **Dara Réimniú**.

Ceachtanna ar na briathra sa Chéad agus sa Dara Réimniú.
Bain amach na lúibíní agus déan cibé athrú is gá:

1   (D'ól: Seán) cupán tae lena mháthair inné.

2   (Ar: Ceannaigh: tú) páipéar nuachta gach maidin?

3   (Ní: Oscail: an múinteoir) an doras duit riamh arís.

4   Inné (féach: Seona) ar an teilifís den chéad uair riamh.

5   Dá mbeadh an t-am agam (scríobh: mé) litir chuig m'aintín i Meiriceá.

6   (Ar: Glan tú) do sheomra amárach le do thoil?

7   Gach lá (líon: an bhean) an citeal agus déanann sí an tae.

8   (An: Bris: an buachaill) sin an fhuinneog ag am lóin?

9   (Ní: cuir: Seosamh) an seomra faoi ghlas murach na gadaithe.

10 (Fiafraigh: mé) di an raibh an leabhar aici.

10 Léamhthuiscint 📖

Cluastuiscint 📼

Léamhthuiscint

Poist do dhaoine óga

Úna Ní Dhuibhir

An raibh post samhraidh agat? An bhfuil post páirtaimseartha agat faoi láthair? An bhfuil cur amach agat ar na rialacha a bhaineann le fostaíocht? Tá sé ag brath ar an duine féin a chearta a éileamh. De réir an Achta um Chosaint na nÓgánach (Fostaíocht), 1996, is duine óg é duine faoi ocht mbliana déag d'aois. Is í aidhm an achta ná an fostaí óg a chosaint agus deimhin a dhéanamh de nach ndéantar faillí ina chuid oideachais. Leagann an t-acht síos na huaireanta oibre agus an sos gur cóir a bheith ag gach fostaí óg.

Cé gurb é cúig bliana déag d'aois an aois ag a bhfuil cead ag dalta an scoil a fhágáil níl cead fostaíocht a fháil go dtí sé bliana déag. Tá cead ag fostóir duine faoi shé bliana déag a fhostú chun obair éadrom a dhéanamh lasmuigh den téarma scoile, ní féidir, áfach, duine den aois sin a fhostú ar feadh níos mó ná seacht n-uaire in aghaidh an lae nó cúig uaire is tríocha in aghaidh na seachtaine. Má tá duine faoi shé bliana déag i mbun taithí oibre tá cead aige nó aici a bheith ag obair ar feadh ocht n-uaire in aghaidh an lae nó daichead uair in aghaidh na seachtaine.

Níl cead ag duine faoi bhun sé bliana déag obair a dhéanamh roimh a hocht a chlog ar maidin nó i ndiaidh a hocht a chlog tráthnóna. Ba chóir go mbeadh dhá lá saoire ag an duine faoi shé bliana déag in aghaidh gach seacht lá a oibrítear agus ba chóir gur dhá lá as a chéile a bhíonn i gceist. Tá sos tríocha nóiméad le fáil tar éis gach ceithre uaire ag obair. Ní íoctar aon airgead ar an sos sin. Roimh d'fhostóir duine faoi 16 a fhostú caithfear cead scríofa a fháil ó thuismitheoir nó ó chaomhnóir.

Maidir le duine atá sé bliana déag go hocht mbliana déag d'aois, níl cead aige obair a dhéanamh ar feadh níos mó ná ocht n-uaire in aghaidh an lae. Go hiondúil níl cead aige a bheith ag obair roimh a sé a chlog ar maidin nó i ndiaidh a deich a chlog san oíche. Caithfear sos tríocha nóiméad a fháil i ndiaidh gach ceithre uair go leith a chaitear ag obair. Caithfear lá saor in aghaidh na seachtaine a thabhairt don fhostaí.

Caithfidh an fostóir tuairisc a choinneáil ina bhfuil na pointí eolais seo a leanas: ainm an fhostaí, dáta breithe (agus é seo deimhnithe ag teastas breithe an fhostaí), an t-am ag a dtosaíonn an duine ag obair gach lá, an t-am ag a gcríochnaíonn an duine ag obair gach lá, an ráta íocaíochta in aghaidh an lae, seachtaine, míosa nó bliana, suim iomlán an tuarastail a íoctar leis an bhfostaí. Ba chóir go mbeadh na pointí eolais is tábhachtaí san acht ar taispeáint go soiléir san ionad oibre.

Cé gur deas an rud é an neamhspleáchas a bhaineann le post níl aon amhras faoi ach go gcuireann roinnt post an-bhrú ar dhaoine óga. Déantar dearmad gur lá oibre ann féin é an lá scoile. Is minic gur beag baint atá ag an bpost samhraidh nó ag an bpost sealadach leis an ngairm bheatha a theastaíonn ón duine óg amach anseo. Is ar mhaithe leis an airgead a bhíonn a lán daoine ag obair. Cad air a gcaitear an t-airgead céanna? Ar leabhair scoile? Ar shaol sóisialta? Ar éadaí? Ar dhlúthcheirníní? Ar chluichí ríomhaireachta? Ar thoitíní? Ar alcól? Ní miste do gach duine óg an cheist a chur ar féin.

An mbaineann an post den fhuinneamh atá ag an duine óg? An mbíonn sé/sí tuirseach i rith an lae ar scoil? An mbíonn sé/sí cantalach sa mbaile? An gciallaíonn na huaireanta oibre atá aige/aici go mbíonn sé ag bualadh le cairde go déanach san oíche agus gur beag codlata a fhaigheann sé dá bharr?

Is doiligh don ghobadán an dá thrá a fhreastal a deirtear agus is cinnte gur deacair don duine óg a dhícheall a dhéanamh ar scoil agus post a bheith aige/aici chomh maith.

Ceisteanna

1   Luaigh trí phointe eolais ón sliocht faoina bhfuil leagtha síos san acht fostaíochta do dhaoine faoi bhun sé bliana déag d'aois.

2   Cad iad na huaireanta oibre a mholtar do dhaoine ó sé bliana déag go hocht mbliana déag?

3   Luaigh trí phointe eolais ar chóir don fhostóir a choinneáil faoi gach fostaí.

4   Cén dearcadh, dar leat, atá ag an údar maidir le post páirtaimseartha a bheith ag daltaí scoile? Tabhair dhá chúis le do fhreagra.

2

Fadhb an óil i measc na n-óg
Mícheál Ó Ruairc

Is fadhb mhór í an t-ólachán i measc na n-óg sa lá atá inniu ann. De réir na staitisticí is deanaí atá faighte againn tá an tír seo ar cheann de na tíortha is measa ar domhan ó thaobh an óil de. Tá an fhadhb ag dul in olcas maidir le hólachán i measc na n-óg. Tosaíonn an óige ag ól ag aois atá dochreidte ar fad. Is féidir páistí chomh hóg le seacht mbliana d'aois a fheiceáil sa lá atá inniu ann agus cannaí beorach ina seilbh acu i bpáirceanna poiblí agus iad ag slogadh astu.

Ach ní hamháin go dtosaíonn siad níos luaithe ach ólann siad níos mó freisin. Ólann déagóirí an lae inniu an t-uafás[1]. Nílimid ag caint faoi channa nó dhó ach faoi phaca de shé cinn nó faoi phaca de dhosaen de cannaí móra beorach. Agus ní chloíonn siad le cannaí

an t-uafás – *an awful lot*

beorach amháin. Ólann siad biotáille[2] de gach saghas chomh maith agus níos measa fós meascán[3] de bhiotáille, de bheoir agus de cheirtlín[4] in aon bhabhta[5] amháin. Tá nósanna ólacháin de chineál seo thar a bheith dainséarach, dar leis na saineolaithe.

Nuair a thosaíonn páistí ag ól go hóg ina saol, tá baol mór ann go mbeidh siad dóite amach[6] nó ina n-alcólaigh sula mbeidh na déaga[7] curtha díobh acu. Gach bliain, nuair a thagann torthaí an Teastais Shóisearaigh amach, feicimid na mílte déagóirí ar shráideanna na tíre seo agus cuid acu caoch ar meisce.

Ní deas an radharc é.

Cuid de na déagóirí seo, bíonn seantaithí acu ar a bheith ag ól go rialta. Cuid eile acu ba í seo an chéad uair dóibh deoch mheisciúil a bhlaiseadh.

Gach oíche ag an deireadh seachtaine bíonn na hotharlanna éigeandála[8] sna hospidéil plódaithe le daoine óga agus iad as a meabhair de bharr an óil. Cuireann sé seo an-straidhn[9] ar na seirbhísí éigeandála agus iad ag iarraidh freastal ar thimpistí agus ar othair atá i ndeireadh na feide ar fad ó thaobh na sláinte de. Cad is cúis leis an gcultúr seo, cultúr an óil, i measc na n-óg? Cad chuige a n-ólann siad an méid a ólann siad agus iad chomh hóg sin?

Deir na saineolaithe linn go mbaineann sé leis an sochaí[10] ina mairimid, go bhfuil dlúthbhaint aige leis an 'teaghlach neamhfheidhmiúil'[11] agus le dearcadh na n-óg i leith an tsaoil i gcoitinne. Tá daoine óga ag teacht in aibíocht[12] ag aois i bhfad níos óige ná mar a tharla san am atá caite. Feiceann siad fógraí i dtaobh an óil thart timpeall orthu agus iad ag fás aníos – ar an teilifís, sa phictiúrlann, sna hirisí agus mar sin de. Níl aon dabht faoi ach go dtéann na fógraí óil i bhfeidhm orthu.

Rud eile de, bíonn sé éasca go leor dóibh alcól a fháil. Bíonn sé ar fáil acu sna siopaí eischeadúnais[13] agus i dtithe tábhairne áirithe. Ní dóigh liom go gcuirtear an dlí i bhfeidhm dian go leor maidir le fadhb an ólacháin i measc na n-óg.

Má bhíonn an dlí ró-bhog agus má bhíonn daoine fásta áirithe sásta alcól a dháileadh ar an óige, is bocht an scéal é. Ní haon ionadh é go bhfuil líon na n-alcólach ag méadú de shíor sa tír seo agus go bhfuil an fhadhb imithe ó smacht faoin am seo.

Is dearthaireacha don ól iad an foréigean agus an t-aindlí[14]. Tá sé thar am dúinn mar náisiún tabhairt faoin bhfadhb seo a réiteach sula mbeidh óige na tíre seo scriosta[15] aici.

2 biotáille – *spirits*	8 na hotharlanna éigeandála – *the emergency wards, casualty wards*	12 ag teacht in aibíocht – *maturing*
3 meascáin – *mixtures*		13 siopa eischeadúnais – *off-licence*
4 ceirtlín – *cider*	9 an-straidhn – *great strain*	14 an t-aindlí – *lawlessness*
5 babhta – *(at one) go*	10 sochaí – *society*	15 scriosta – *destroyed*
6 dóite amach – *burnt out*	11 teaghlach neamhfheidhmiúil – *dysfunctional family*	
7 na déaga – *the teens*		

Ceisteanna

1 Cén scéal scanrúil atá sa chéad alt maidir le hólachán?

2 Cé mhéad a ólann déagóirí an lae inniu de ghnáth?

3 Cén baol atá ann do pháistí a thosaíonn ag ól go hóg?

4 Cad a bhíonn le feiceáil sna hotharlanna éigeandála ag deireadh na seachtaine?

5 An bhfuil sé éasca do dhaoine óga alcól a fháil agus cá bhfaigheann siad é?

3

Fáilte romhaibh ar ais

Radharc an-choitianta a bhí ann fadó iolair fhírean a fheiceáil ag eitilt go maorga thar na sléibhte in Éirinn ó Aontroim go Dún na nGall agus thíos trí Mhaigh Eo, Gaillimh, Corcaigh agus Ciarraí. Ach faoin mbliain 1912 ní raibh iolar fíréan ar bith fágtha in Éirinn. Is í Éire an t-aon tír amháin sa leath tuaisceartach den domhan inar tharla a leithéid. D'fhág an t-iolar rian láidir ar an tír seo. Tá go leor pictiúr den iolar i Leabhar Cheannannais. Tá sé le feiceáil go soiléir ar go leor seanchrosa cloiche. Tá sé sna logainmneacha freisin – Gleann an Iolair i gCo. Dhoire nó Mín an Iolair i nDún na nGall.

Chomh fada siar le 1989, thosaigh Dúchas ag iarraidh a fháil amach an bhféadfaí an t-iolar fíréan a thabhairt isteach go hÉirinn arís. Cheap siad go mbeadh Páirc Náisiúnta Ghleann Bheatha i nDún na nGall oiriúnach ach bhí orthu a bheith cinnte go mbeadh go leor le hithe ag na héin. Bíonn an t-iolar fíréan beo ar choiníní agus ar ghiorriacha, ar éin éagsúla agus ar chaoirigh mharbha. Sé bliana ó shin tháinig Grúpa Staidéir Éan Creiche na hÉireann isteach sa scéal agus ó shin bhí cuid mhór daoine ag obair go dian leis na hiolair a thabhairt ar ais. Tháinig éaneolaí gairmiúil, Lorcán Ó Tuathail ag obair leo. As Baile Átha Cliath do Lorcán agus chaith sé roinnt blianta ag obair in Albain ag déanamh staidéir ar éin chreiche. Tháinig sé féin, a bhean agus a chlann óg chun cónaí i nDún na nGall dhá bhliain ó shin tar éis do Choiste na Mílaoise glacadh leis an dtionscnamh mar chuid de cheiliúradh na Mílaoise nua.

Thug sé iolar óg isteach cúpla mí ó shin. Bhí sé i gceist tosú le dosaen éan ach chuir an galar crúibe is béil isteach ar an bplean. Coinníodh i gcásanna speisialta iad agus bhí sé an-tábhachtach a bheith cinnte nach bhfeicfeadh na héin aon duine. Dá dtarlódh sé sin, cheapfadh an t-éan gurbh é sin a thuismitheoir agus ní bheadh sé sásta imeacht ón nead.

Scaoileadh saor na héin ar 9 Lúnasa agus raidió beag ceangailte le gach éan. Mairfidh an raidió sin ceithre bliana. Faoin am sin beidh na héin seo lánfhásta agus tá gach duine ag súil go mbeidh éin bhreise ag teacht isteach gach bliain. Níor imigh siad rófhada ó na cásanna go ceann níos mó ná seachtain. Ar maidin 24 Lúnasa fuarthas ceann de na héin gortaithe go holc. Ceapadh ar dtús go ndearna madra rua an damáiste ach dúirt an tréadlia gur cheap sé go ndeachaigh an t-éan i bhfostú idir dhá charraig. Bhí sé gortaithe go dona agus bhí ar an tréadlia é a mharú. Bhí deireadh mhí Lúnasa ann sular thosaigh na héin ag eitilt go hard sa spéir. Bhí Lorcán agus gach duine atá ag obair leis na héin an-sásta an radharc sin a fheiceáil – iolair fhíréan i spéir na hÉireann don chéad uair le beagnach céad bliain.

Ceisteanna

1   Cad a bhí le feiceáil in Éirinn fadó?

2   Conas atá a fhios againn go mbíodh na héin seo sa tír seo fadó?

3   Cad a bhí le déanamh ag Dúchas ar dtús?

4   Tabhair dhá phointe eolais faoi Lorcán.

4

Ramhar *nó* tanaí

Úna Ní Dhuibhir

Ní thuigeann an sách an seang nuair a bhíonn a ghoile féin teann. Creid nó ná creid, i saol an lae inniu is ionann líon na ndaoine atá ar easpa bia agus líon na ndaoine atá ró-ramhar. Is é seo an chéad uair i stair an domhain gur mar sin a bhí.

Ní chuirfidh se iontas ar dhuine ar bith gur ó Mheiriceá a thagann an t-eolas seo, ó institiúid dár teideal The Worldwatch Institute. Le déanaí d'éisigh siad ráiteas ag rá go bhfuil 1.2 billiún duine ar easpa bia ar domhan agus gurb ionann sin agus líon na ndaoine atá ar an ngannchuid. Tá go leor de na fadhbanna céanna ag an dá ghrúpa: tinneas, máchail coirp, easpa fuinnimh agus dá bharr easpa cumais chun oibre. Tá an dá ghrúpa ag fulaingt toisc easpa cothaithe, easpa vitimíní, mianraí.

Bíonn tionchar an-láidir ag an bhfadhb ar an sochaí i gcoitinne agus dá bharr is gá iarracht mhór a dhéanamh an fhadhb a réiteach. I dtíortha an tríú domhain tá gá le cabhair ghearrthéarmach, i.e. bia folláin agus cóir leighis. Ach ar ndóigh tá gá freisin le córas ceart leighis, le cúrsaí oideachais ó thaobh cothaithe, sláinte agus talmhaíochta de, agus le hinfheistiú i bhfoirgnimh agus innealra.

Is iontach go bhfuil dul chun cinn déanta faoi dheireadh ó thaobh na bhfiacha de. Tá na náisiúin shaibhre de réir a chéile ag géilleadh don éileamh láidir ó Geldof, Bono agus na mílte eile nach cóir a bheith ag iarraidh ar na tíortha bochta na fiacha móra a bhí acu a íoc leis na tíortha cumhachta. Cé go bhfáiltítear roimh an gcéim seo, caithfear a thuiscint nach bhfuil ann ach céim bheag amháin. Tá neart fadhbanna fós le sárú i dtíortha an tríú domhain. In áiteanna tá rialtas lofa, in áiteanna eile triomach nó tuillte, easpa infrastruchtúir, easpa oideachais, drochchóras sláinte, easpa scileanna agus ar ndóigh easpa teicneolaíochta. Tá bóthar fada romhainn mar chine daonna sular féidir a rá nach bhfuil neach ar domhan ar ghannchuid bia.

Fillimis mar sin ar an líon mór daoine ar domhan atá ró-ramhar. Deirtear go bhfuil an iomarca meáchain á iompar ag 55% de na daoine fásta sna Stáit Aontaithe. Tá 23% díobh seo ina méadlacháin. Ach mar is eol do chách is olc an ghaoth nach séideann maitheas do dhuine éigin agus tá an lucht leighis a bhfuil baint acu le *liposuction* ag déanamh an-ghnó ar fad. Déantar 400,000 obráid den saghas in aghaidh na bliana.

Níl muintir na hÉireann ró-aclaí agus sláintiúil ach oiread. Tá an iomarca meáchain ag 40% de na fir agus ag 25% de na mná sa tír seo. Easpa cleachtadh coirp agus drochaiste bia is cúis leis, a deirtear. Ní deacair a chreidiúint gur fíor sin nuair a fheictear an brú tráchta ní hamháin sna cathracha ach i go leor bailte ar fud na tíre lá i ndiaidh lae.

Níl amhras ann ach go gcothaítear drochnósanna nuair a bhíonn páistí óg. Bíonn an iomarca béime ar bhia siúcrúil agus is minic go léirítear fíorbheagán spéise i dtorthaí agus glasraí. Cé mhéad páistí, áfach, a dhiúltódh do anraith blasta baile inar féidir na glasraí céanna a cheilt? Cé mhéad páistí a thagann ar scoil sa charr nó ar bhus ach a bheadh níos fearr as ag siúl? Cé mhéad páistí a chreideann gur breá leo spóirt toisc go bhfuil siad de shíor ag breathnú ar chláir spóirt ar an teilifís nó ag imirt cluichí sacair, gailf, rásaíocht carranna, leadóige nó snúcar ar an ríomhaire?

Le cúpla bliain anuas tá ábhar nua staidéir in iarbhunscoileanna na tíre i.e. Oideachas Sóisialta, Pearsanta agus Sláinteachais. Níl dabht ar bith ach gur maith ann é. Cuirtear béim sa chúrsa ar mhodhanna folláine maireachtála. Mínítear do dhaltaí an tábhacht a bhaineann le haiste fholláin bia agus le cleachtadh coirp. Iarrtar orthu ceisneoirí a líonadh a chuireann ar a súile dóibh na drochnósanna atá acu féin. Cé gur fíor nach féidir le cúrsa den saghas na fadhbanna a réiteach, tá sé rí-thábhachtach go gcuirtear an t-eolas ar fáil don aos óg agus go dtuigeann siad gur cheart dóibh roghanna ciallmhara a dhéanamh. Táthar ag súil go leanfaidh cuid mhaith acu an chomhairle sula mbíonn sé ró-dhéanach dóibh mar an tslat nuair a chruann le haois is deacair a shníomh ina gaid.

Ceisteanna

1 Cén fíric stairiúil atá luaite sa chéad alt?

2 Luaigh trí fhadhb a bhaineann le heaspa bia, dar le halt a dó.

3 Cén éileamh atá ag Bob Geldolf agus Bono maidir leis na tíortha bochta?

4 Cén fáth go ndeirtear nach bhfuil muintir na hÉireann ró-aclaí?

5 Cén dóchas atá san alt deireanach maidir le sláinte muintir na hÉireann?

5

Ár nOidhreacht

Úna Ní Dhuibhir

Tá an mhílaois buailte linn. Thángamar thar thairseach isteach. Cad faoina ndeachaigh romhainn, faoinar tháinig chugainn ó ghlúin go glúin, faoinár n-oidhreacht? Agus mé ag tagairt don oidhreacht, táim ag smaoineamh ar ghnéithe difriúla de: oidhreacht chultúrtha agus shóisialta, oidhreacht staire agus oidhreacht na timpeallachta agus na teanga.

Le roinnt mhaith blianta anuas tá athbheochan ar ranganna seite timpeall na tíre agus chuirfeadh sé gliondar croí ort féachaint ar an méid taitnimh agus spraoi a bhaineann na rinceoirí as na damhsaí céanna. Nuair a fhilleann lucht na gcoláistí samhraidh abhaile gach bliain is iomaí scéal a bhíonn acu faoi na céilithe agus faoin spraoi a bhain siad astu. Is léir go leanfaidh an chuid seo den oidhreacht isteach sa tríú mílaois.

Tá borradh, freisin, faoin gceol traidisiúnta. Is féidir le daltaí ardteiste leath na marcanna don scrúdú ceoil a ghnóthú anois ar sheinm uirlise nó ar amhrán a chasadh ar an sean-nós. Is mionmhinic go seinntear uirlis thraidisiúnta. Tá tóir ar sheisiún maith fós i ngach cearn den tír agus an bhfuil aon oíche siamsaíochta níos fearr ná í?

Tá spéis mhór á léiriú anois go háirithe ag daoine óga in Oireachtas na Gaeilge. Don té nár chuala faoi fós is é atá i gceist ná féile mhór na Gaeilge, an cheoil, an rince agus na hamhránaíochta. Reachtáiltear anois é ina dhá chuid. Bíonn an chéad chuid ar siúl i mBaile Átha Cliath i mí Bealtaine agus an dara cuid sa Ghaeltacht nó i mbaile cóngarach don Ghaeltacht i mí Dheireadh Fómhair. Bhí Oireachtas deireanach na sean-mhílaoise i nGaeltacht na Rinne agus i nDún Garbháin. Tugadh an-suntas do líon na ndaoine óga a bhí i láthair, do chaighdeán na gcomórtas agus do dhea-iúmar gach uile dhuine. Tá fadhb nua ag lucht eagraithe an Oireachtais anois, mar tá sé deacair dóibh ionad atá mór go leor do bhuaicphointe na féile a aimsiú, comórtas Corn Uí Riada d'amhránaíocht ar an sean-nós. Is cinnte go bhfuil traidisiún an cheoil, an rince agus na scéalaíochta beo beathach.

Cúpla bliain ó shin aistríodh cuid d'Ard-Mhúsaem na hÉireann go foirgneamh nua – Beairic Uí Choileáin. Rinneadh athnuachan álainn air agus anois tá músaem den scoth ann. Is iontach an taisce atá le feiceáil ann agus cabhraíonn sé go mór chun cur le tuiscint na ndaoine idir óg agus aosta ar stair na tíre. Dar ndóigh tá an tír breac le hiarsmaí staire idir chaisleáin, thúir, rátha, ghalláin, muamaí agus séipéil. Tá cáil dhomhanda ar na tuamaí meigiliteacha i mBrú na Bóinne agus tá ionad cultúrtha spéisiúil ann freisin. Tá ráflaí ann, chomh maith, faoi fhorbairt shuíomh na dtuamaí i Sliabh na gCoilleach, gar don Seanchaisleán i gContae na hIarmhí. Meastar go bhféadfadh cuid díobh seo a bheith níos sine fós ná tuamaí Brú na Bóinne. Cé deir nach bhfuil draíocht ag scéal Achadh Céide i Maigh Eo nó Corlea i gContae an

Longfoirt? Is iontach an méid oibre a rinneadh le roinnt blianta anuas le cuid de na scéalta a thabhairt linn isteach sa mhílaois nua seo.

Le fada an lá tá cáil ar pháirceanna glasa na hÉireann, uisce gléigeal, tránna áille agus radharcanna den scoth. Cé go bhfuil ionsaí á dhéanamh ar bhealach áirithe ar an áilleacht seo, tá tuiscintí nua anois ag an Rialtas agus ag na Comhairlí Contae ar an ngá atá le dlíthe diana chun an chuid seo don oidhreacht a chosaint. Tá tír fíorálainn againn agus tá an-iarracht á dhéanamh gearradh anuas ar bhruscar. Tá daoine ag teacht ar an dtuiscint faoin tábhacht a bhaineann le hathchúrsáil. Is cúis náire do cheantar cósta mura mbíonn an bhratach ghorm ar crochadh ar na tránna agus tá obair ar siúl ar bhonn áitiúil agus ar bhonn náisiúnta féachaint chuige go bhfuil caighdeán ard glaineachta san uisce agus ar an trá. Tá tuiscint nua freisin ar an tábhacht a bhaineann le cosáin siúlóide agus tá a leithéid á bhforbairt i go leor contaetha. Níl ach breosla gan deatach á dhó i mBaile Átha Cliath agus is mór an chabhair é ó thaobh sláinte an phobail agus ghlaineacht na timpeallachta de. Tá an córas gáis á leathnú anois agus dar ndóigh is breosla deas glan é nach ndéanann dochar don atmaisféar. Tá gearrtha anuas freisin ar líon na gcarranna a thógann peitreal le luaidh. Bímis ag súil le tír níos áille agus níos glaine sa mhílaois seo.

Maidir lenár n-oidhreacht teanga de, is féidir a rá go bhfuil an scéal ag dul i bhfeabhas ar go leor bealaí. Osclaíodh bialann dhátheangach le déanaí i Sráid Chill Dara i mBaile Átha Cliath agus beidh ceann eile á oscailt i Sráid Dásain roimh i bhfad. Tuigtear go bhfuil pobal ann a úsáideann an teanga go nádúrtha agus iad i mbun béile nó ag caint le cairde. Is féidir leis an bpobal céanna tamall a chaitheamh ag féachaint ar TG4 nó ag éisteacht le Raidió na Gaeltachta. Agus i mBaile Átha Cliath tá rogha eile acu – Raidió na Life a bhfuil tóir ar leith ag daoine óga air. Ba cheart duit brú a chur ar do stáisiún áitiúil cláir i nGaeilge a chraoladh. B'fhéidir go bhfaighidh tú jab ann!

Ceisteanna

1   Cad iad na gnéithe éagsúla den oidhreacht atá luaite sa chéad alt?

2   Cad atá i gceist le hOireachtas na Gaeilge?

3   Cad iad na hiarsmaí staire atá le feiceáil mórthimpeall na tíre?

4   Tá cáil le fada an lá ar ghnéithe áirithe nádúrtha in Éirinn. Cad iad?

5   Luaigh dhá ábhar dóchais ón alt deireanach maidir lenár dteanga dúchais.

Margadh

Úna Ní Dhuibhir

Mí Eanáir! Mí na sladmhargaí móra. Scuainí sna siopaí, na sluaite ar na sráideanna, brú tráchta ar na bóithre: céard is cúis leis ar fad? Nach léir gur maith le gach uile dhuine margadh a fháil? Ach céard is margadh ann? Dar le roinnt daoine ciallmhara is ionann margadh agus earra atá uait a cheannach ar phraghas íslithe. Níl amhras ar bith ann ach go bhfuil an ceart acu. Ach an bhfuil an oiread sin daoine ag lorg earraí? An bhfuil earraí de dhíth ar gach uile dhuine sna scuainí atá lasmuigh de na siopaí? Ní dóigh liom é!

Braithim gur ionann a rá le lear mór daoine go bhfuil an praghas laghdaithe agus iad a mhealladh chun dul ag ceannach cuma an bhfuil an rud uathu nó nach bhfuil. Ní hamháin go mbíonn daoine sásta dul i scuaine chun margadh a fháil ach gach bliain bíonn scéalta ar na nuachtáin faoi dhaoine a chodail amuigh faoin aer oíche sheaca chun go mbeadh seans acu ar an aon chuisneoir nó seinteoir dlúthdhioscaí a bhí le díol ar thríocha punt a cheannach. Tá súil agam gurbh fhiú an tairbhe an trioblóid. Aisteach go leor, áfach, is minic gurb iad na daoine nach bhfuil ganntanas airgid orthu atá in ann na margaí is fearr a fháil. Bíonn na daoine seo in ann slám airgid a íoc in aon lá amháin agus gan a bheith buartha faoin mbille grósaera ná faoin mbille leictreachais don tseachtain ina dhiaidh sin.

Is minic ar ndóigh, brí eile leis an bhfocal margadh. Is iomaí baile sa tír ina mbíonn margadh oscailte lá amháin sa tseachtain. Díoltar gach uile shórt ag a leithéid: glasraí agus torthaí, éadaí, bréagáin, cairpéid, plandaí, bláthanna agus earraí leictreacha. Faraor is beag margadh sa tír seo, áfach, atá inchurtha leis na margaí ar an Mór-Roinn, go háirithe sa Fhrainc. Is é nós na tíre ná margadh a bheith ar siúl i ngach ceantar ina ndíoltar go leor bia úr agus níl insint béil ná scríobh scéil ar an gcáis álainn nó ar na glasraí úra is féidir a cheannach ag na margaí sin. Ní ar mhaithe le praghas amháin a bhíonn tóir ar a leithéid ach is minic gur féidir teacht ar bhia baile sna margaí sin nach bhfuil le ceannach i siopaí ar bith.

Is díol spéise dúinn inniu go mbíodh margadh mór i ngach baile in Éirinn na blianta ó shin. An bhfuil an leabhar *Old Moore's Almanac* feicthe agat ina dtugtar liosta fós de mhargaí na hÉireann? Is é atá i gceist leis sin anois, ar ndóigh, ná liosta de na laethanta ina mbíonn margadh na mbeithíoch ar siúl sna bailte. Thugtaí 'aonach' air sin fadó agus bhíodh gach uile shórt idir bhia, éadaí agus bheithígh á ndíol, ar thaobh na sráide.

Bhíodh aonach eile ann freisin, in Éirinn, agus bhí an-tábhacht leis d'fheirmeoirí agus d'oibrithe na tíre. Is é an t-aonach a bhí i gceist ná aonach na spailpíní. Fostaíodh 'spailpín' nó oibrí a bhí ag lorg oibre áit ar bith sa tír ó Bhealtaine go Samhain ar go leor feirmeacha ar fud na tíre. Is ar éigean gur gá a rá go mbíodh tóir ag na feirmeoirí ar oibrithe láidre díograiseacha agus go mbíodh an cháil amuigh ar oibrithe áirithe go raibh siad leisciúil, mí-chúramach. Tá cur síos ar shaol dian na spailpíní san amhrán cáiliúil An Spailpín Fánach.

Go deo arís ní raghad go Caiseal
Ag díol nó ag reic mo shláinte
Nó ar mhargadh na saoire im' shuí cois balla
I mo scaoinse ar leataobh sráide
Bodairí na tíre ag tíocht ar a gcapall
Ag fiafraí an bhfuilim haighreálta
Ó téanaim chun siúil tá an cúrsa fada
Seo ar siúl an spailpín fánach.

Tá margadh eile i mbéal an phobail faoi láthair agus sin margadh na dtithe. Is fíor le rá, áfach, nach bhfuil sladmhargadh ar bith le fáil ag an té atá ag lorg tí in Éirinn sa lá atá inniu ann. Cé gur íslíodh na rátaí úis níor éascaíodh cúrsaí mórán do cheannaitheoirí tí. Is bocht an scéal é gurb iad lucht an rachmais a chuir go mór leis an méadú as cuimse a tháinig ar phraghas na dtithe sa tír seo le cúpla bliain anuas. Tá lear mór daoine timpeall na tíre tar éis an dara teach a cheannach agus iad a chur amach ar cíos ard.

Toisc airgead mór a bheith ag na daoine seo le caitheamh i margadh na tithíochta agus toisc an t-éileamh breise a bhí ar thithe dá bharr is beag baint atá ag an luach tí leis an bpraghas a iarrtar air. Is é an toradh atá air seo ar fad go bhfuil sé anois rídheacair do lánúin nuaphósta nó don duine singil ar mhaith leis áit dá chuid féin a bheith aige, teach a fháil i gceantar ar bith sa tír gan trácht ar theach a fháil i mBaile Átha Cliath. Cá bhfios, áfach, ach go dtitfidh an tóin as an margadh, mar a tharla i Sasana agus go mbeidh tithe ar fáil ar phraghas réasúnta go maith amach anseo.

Ceisteanna

1 Luaigh trí chomhartha atá le feiceáil a fhógraíonn go bhfuil sladmhargaí mí Eanáir ar siúl.

2 Cén gníomh a mbíonn daoine áirithe sásta a dhéanamh chun margadh speisialta a fháil?

3 Cén sórt earraí a bhíonn ar díol sna margaí oscailte?

4 Cén sórt margaí Éireannacha atá luaite sa leabhar Old Moore's Almanac?

5 Cén fáth dar leis an alt deireanach go bhfuil sé an-deacair do lánúin nuaphósta áit dá gcuid féin a cheannach?

Cluastuiscint

Triail 1

Cuid A – Fógraí

Fógra 1

1   Cén lá a bheidh leath-lá ag na scoláirí?

_____

2   Cén scór a bhí ann sa chluiche cispheile?

_____

3   Cén bhliain atá ag cur an ceoldráma ar siúl?

_____

Fógra 2

1   Cén tuarastal atá le fáil?

_____

2   Ainmnigh rud amháin a bheidh le déanamh ag an té a cheapfar.

_____

3   Cad ba cheart duit a dhéanamh má tá suim agat sa phost?

_____

Fógra 3

1   Cén aois ar cheart do na himreoirí a bheith?

_____

2   Cathain a bhíonn traenáil acu?

_____

3   Cén uimhir theileafóin atá ag Seán?

_____

Cuid B – Comhrá

Comhrá 1

Mír 1

1   Cá raibh Deirdre ag obair?

    _____

2   Luaigh fáth amháin ar thaitin an post léi.

    _____

Mír 2

1   Luaigh fáth amháin gur thaitin a phost sa gharáiste le Seán.

    _____

2   Cé mhéad airgid a fuair sé agus é ag fágáil?

    _____

3   Cad a dúirt an bainisteoir leis?

    _____

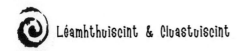

Comhrá 2

Mír 1

1   Cá bhfuil an Idirbhliain ag dul ag deireadh mí Aibreáin?

_____

2   Cé mhéad a chosnóidh an turas?

_____

Mír 2

1   Cén fáth go bhfuil drogall ar Liam dul?

_____

2   Aimnigh trí rud a bhíonn ar siúl ar ghnáth-lá sa Ghaeltacht.

_____

3   Cé atá ag eagrú an turais?

_____

Comhrá 3

Mír 1

1 Ainmnigh na hábhair atá riachtanach don Ardteist.

   _____

2 Cad iad na hábhair eile a roghnaigh Ruairí?

   _____

3 Cad ba mhaith leis a dhéanamh tar éis na hArdteiste?

   _____

Mír 2

1 Cad a dúirt an múinteoir fisice?

   _____

2 Cad a dhéanfaidh Caoimhe amárach?

   _____

Cuid C – An Nuacht

Píosa 1

1   Cad a dúirt an tAire Oideachais agus Eolaíochta?

_____

2   Dar le hÁine, cén seanfhocal atá fíor?

_____

Píosa 2

1   Cén scór a bhí sa chluiche idir Éire agus an Ísiltír?

_____

2   Cén dá thír atá ag imirt sa chraobh inniu?

_____

Píosa 3

1   Cad a bheidh ar siúl sa mhonarchan?

_____

2   Cé mhéad post nua a bheidh ar fáil?

_____

Triail 2

Cuid A – Fógraí

Fógra 1

1   Cad a bheidh ar siúl ar an Aoine seo chugainn?

_____

2   Cén dráma ata á leiriú acu i mbliana?

_____

3   Cá rachaidh tú gach Déardaoin má tá suim agat i ndrámaíocht?

_____

Fógra 2

1   Cén lá a thosóidh an cúrsa seo?

_____

2   Cé dóibh a bhfuil an cúrsa oiriúnach?

_____

3   Cad atá ag teastáil sa saol nua-aimseartha?

_____

Fógra 3

1   Cad a bheidh ar siúl i scoil Naomh Eoin an tseachtain seo chugainn?

_____

2   Cad tá ann don chúigiú bliain?

_____

3   Cén moladh atá ann ag deireadh an fhógra seo?

_____

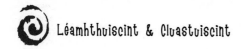 Léamhthuiscint & Cluastuiscint

Cuid B – Comhrá

Comhrá 1

Mír 1

1   An gceapann tú gur thaitin an cluiche seo leis na buachaillí?

_____

2   Cén t-ainm a bhí ar laoch an chluiche dar leis na buachaillí?

_____

3   An raibh an réiteoir go maith?

_____

Mír 2

1   An imríonn Seán peil fós?

_____

2   Cad tá ar siúl ar an gCéadaoin seo chugainn?

_____

Comhrá 2

Mír 1

1   Conas a raibh aithne ag Emmet ar an gcailín ag an dioscó?

_____

2   An bhfaca Muireann a deirfiúr le déanaí?

_____

Mír 2

1   Cén bhliain ina bhfuil Seona ar scoil?

_____

2   An dtaitníonn an idirbhliain le Muireann?

_____

3   Cad is ainm don dráma atá á léiriú sa chathair?

_____

 Léamhthuiscint & Cluastuiscint

Comhrá 3

Mír 1

1   Cén t-am ar tháinig Cáit abhaile?

_____

2   Cén leithscéal a thug Cáit dá mháthair?

_____

Mír 2

1   Cén fáth nár chuir Cáit glaoch ghutháin ar a máthair?

_____

2   Conas a bhfuil aithne ag an máthair ar Mhairéad Ní Laoire?

_____

3   Cén fáth gur thosaigh Cáit ag caint faoi Dhara?

_____

Cuid C – An Nuacht

Píosa 1

1   Cár tharla an timpiste seo?

_____

2   Cá bhfuil tiománaí an ghluaisteáin anois?

_____

Píosa 2

1   Cén sórt aimsire a bheidh ann sa tuaisceart maidin amárach?

_____

2   An mbeidh sé fliuch san oirthear thar oíche?

_____

Píosa 3

1   Cá raibh Clann Uí Dhálaigh aréir?

_____

2   Cén sórt talainn a bhí á thaispeáint ag muintir Uí Dhálaigh?

_____